Carlos Gagern

Todte und Lebende

Erinnerungen

Carlos Gagern

Todte und Lebende
Erinnerungen

ISBN/EAN: 9783743620575

Hergestellt in Europa, USA, Kanada, Australien, Japan

Cover: Foto ©Andreas Hilbeck / pixelio.de

Manufactured and distributed by brebook publishing software (www.brebook.com)

Carlos Gagern

Todte und Lebende

Todte und Lebende.

Erinnerungen

von

Carlos von Gagern.

Zweite Reihe.

Berlin 1884.

Abenheim'sche Verlagsbuchhandlung

(G. Joël).

Jules Favre

und

Adolphe Thiers.

Schon während meiner Kriegsgefangenschaft, von Evreux aus, war ich außer mit Neffzer, dem Chefredakteur des „Temps", mit dem Herausgeber der „Revue du monde colonial, asiatique et américain", Herrn Noirot, brieflich in Verbindung getreten. Ich hatte ihm den Vorschlag gemacht, für die von ihm geleitete Monatsschrift, die eine stattliche Reihe hervorragender Mitarbeiter zählte, unter Andern Cortambert, Fonvielle, Reclus, Lamarque, Clavairoz und Torres-Caïcedo, Beiträge über Mexiko zu liefern. Noirot nahm in einem sehr schmeichelhaften Schreiben mein Anerbieten an, nur behielt er sich, was unter den damaligen Verhältnissen begreiflich war, das Recht vor, ab und zu den Rothstift walten zu lassen, um eventuell einer Beschlagnahme vorzubeugen.

Als im Sommer 1864 auch für die der republikanischen Sache treu gebliebenen Gefangenen der Tag der Freilassung kam, befanden sich die wenigsten von uns in der Lage, sofort ihre Heimreise anzutreten, welche um so schwieriger und kostspieliger war, als unsere Regierung sich gezwungen gesehen hatte, ihren Sitz im fernsten Norden des Landes, in Paso del Norte, aufzuschlagen, und dieser Ort von New-York aus nur mittelst einer langwierigen Postreise — von den heute den westlichen Continent durchquerenden Eisenbahnlinien bestand noch keine — erreicht werden konnte, während allein für eine verhältnißmäßig kurze

14*

Strecke Schienenwege zu benutzen waren. Man hatte in Frank=
reich sogar die sich später als fälschlich herausstellende, freilich
von Anfang an unwahrscheinliche Nachricht verbreitet, Präsident
Juarez habe den Kampf aufgegeben und sich nach New=Orleans
geflüchtet.

Viele der Ex=Gefangenen, weil der französischen Sprache nur
ungenügend mächtig, suchten und fanden ein provisorisches Asyl
in Spanien. Andere, zu denen ich gehörte, glaubten sich die
Mittel zur Reise leichter in Paris zu beschaffen, denn auf eine
Unterstützung seitens unserer, selbst mit den äußersten Finanz=
nöthen kämpfenden Regierung war schlechterdings nicht zu rechnen.
Wir spielten gewissermaßen eine ähnliche Rolle wie die fran=
zösischen Emigrirten zur Zeit der ersten Revolution, die ja auch,
um sich das zu ihrer Existenz Erforderliche zu verdienen, auf ihre
eigne Arbeit angewiesen waren und in der Regel sich zu einer
verstehen mußten, welche mit ihrer früheren Lebensstellung wenig
im Einklang stand. Da war ich noch glücklicher daran. Ich
brauchte nur wieder das Schwert mit der mir nicht ungewohnten
Feder zu vertauschen, und in Frankreich mehr als in Deutschland
nährt die Feder ihren Mann.

Unmittelbar nach meiner Ankunft in Paris suchte ich Noirot
auf. Er war noch jung, von gewinnendem Aeußern, gebildet,
freisinnig und kam mir mit großer Zuvorkommenheit entgegen.
Bald erschien mein erster Artikel über „Le Mexique contem-
porain". Allerdings war gleich die Einleitung stark beschnitten
worden. Immerhin blieb Manches stehen, was in den maß=
gebenden Kreisen Anstoß erregte.

Meinen Standpunkt präcisirte ich dahin, daß, um eine
Nation richtig zu würdigen, man ihr eine wenigstens instinctive
Zuneigung entgegenbringen müsse, im Gegensatz zu dem katho=
lischen Spruche: „Um die menschlichen Dinge zu lieben, muß
man sie kennen; um die göttlichen Dinge zu kennen, muß man
sie lieben". Ich erklärte offen, aus Patriotismus würde ich mich

bemühen, die Wagschale zu Gunsten des arg verleumdeten Mexiko
zu neigen, und die mannigfachen Vorzüge, durch welche die
mexikanische Nation sich auszeichnet, in ein helleres Licht zu
stellen.

Wo alle Welt anklage, schmähe, angreife, sei es überdies
unter keinen Umständen großmüthig, die Zahl der Gegner zu
vermehren, edler sei es, nach Art der Ritter des Mittelalters,
den Schwachen gegen den Starken zu vertheidigen. Ich schloß:
„Frankreich hat ein Interesse, Mexiko zu kennen.

„Mexiko hat ein Interesse, von Frankreich gekannt zu werden.

„Die Sache der Freiheit, der Menschlichkeit und des Fort=
schritts haben ein Interesse, daß aus dieser vollkommeneren
Kenntniß anstatt einer künstlichen und dynastischen, eine aufrichtige
und nationale Bundesgenossenschaft zwischen den beiden Völkern
erstehe.“

Das war eine ziemlich freie Sprache unter der Regierung
eines Louis Napoléon!

Auch meine Theorie vom Erfolge, wenngleich Noirot sie
ebenfalls erheblich abschwächte, mochte gewisse Ohren verletzen.
Ich sagte unter Anderem:

„Seit dem Beginne der geschichtlichen Zeiten hat die Welt
eine ununterbrochene Reihenfolge von Religionen gesehen. Mit
den Trümmern eines gestürzten Altars wurde sofort ein neuer
aufgerichtet. Aus dem Himmel vertrieb man die alten Götter,
nur um unverzüglich neue einzusetzen.

„Allein ein Cultus ist Jahrhunderte hindurch aufrecht ge=
blieben, aber unglücklicherweise der unmoralischste und unlogischste
von allen, nämlich der des Erfolges.

„Vor diesem launischen Götzenbilde werfen sich heute noch,
und werden es voraussichtlich noch lange thun, die Massen an=
betend in den Staub. Hat man Erfolg gehabt, so ist jedes
Verbrechen vergeben: das ist die ganze Moral der Anhänger
jenes Cultus. Dieser Mensch hat es zu etwas gebracht, also

ist er fähig; jener ist gescheitert, also fehlt ihm Begabung: das ist ihre Logik.

„Oeffnet ein beliebiges Geschichtswerk, neben der Ver= herrlichung der Starken findet Ihr stets das entsetzliche vae victis!"

Dann folgte, in striktestem Gegensatz zu dem verblendeten Heldenverehrer Thomas Carlyle und zu Michel Chevalier, dem Panegyriker des grausamen Abenteurers Hernan Cortéz, eine Philippika gegen die sogenannten großen Männer.

Die Hauptursachen der damaligen Degeneration der mexi= kanischen Nation glaubte ich zu entdecken, einmal in der unvoll= ständigen Amalgamirung der Racen, aus welchen sie zusammen= gesetzt ist, ferner in der ihr von ihren früheren Unterdrückern, den Spaniern, zurückgelassenen verhängnißvollen Erbschaft.

Ich schrieb: „Die furchtbarste Marter, welche man einem jungen, kräftigen, strebsamen Manne auferlegen kann, ist die, ihn an einen hinfälligen Greis anzuketten, der nur an Ruhe denkt, während jener die ihm innewohnende Thatkraft durch unaus= gesetzte Bewegung zu bethätigen wünscht.

„Wenn man unter ein gemeinsames Joch gekoppelt sieht das geflügelte Musenroß und den schleppfüßigen Stier, kann man da sich wundern daß Pegasus nicht seinen Flug zur Sonne nimmt und nur mühsam seinen plumpen Genossen mit sich fort= reißt?

„Die Zusammenschmiedung zweier Racen, von denen die eine bestimmt ist, von der Erde zu verschwinden" — die in= dianische — „während die andere" — die kaukasische — „im höchsten Grade das Lebensprinzip in sich trägt, ist eine That= sache, die auf das Wesentlichste den Fortschritt der Civilisation in einem Lande hindern muß."

Hieran knüpfte ich meine Neueintheilung der Menschenracen in drei, anstatt der noch ziemlich allgemein angenommenen in fünf, indem ich dieselben, nach Analogie jedes einzelnen Menschen, welcher wächst, zum Höhepunkt seiner Entwicklung gelangt und dann langsam abstirbt, als aufsteigende: die die Kindheit repräsentirende der Neger, als kulminirende, männliche: die kaukasische, als absteigende, greisenhafte: die amerikanische, mongolische und malaiische klassificirte, und auch hinsichtlich der Racen das beim Ausbau der gesellschaftlichen Ordnung hervortretende Streben nach Einheit konstatirte, dem entsprechend allein die kaukasische fortbestehen und alle übrigen, freilich in unberechenbaren Zeiträumen, absorbiren werde.

Die in dieser Auffassung liegende scheinbare Grausamkeit widerlegte ich folgendermaßen:

„Man darf sich hierbei keinem falschen Mitleid hingeben. Man darf nicht klagen und jammern über das Endschicksal der untergeordneten Racen.

„Wenn wir die Rose bewundern und die Eiche, so bedauern wir nicht den Untergang jener unförmlichen, monstruös entwickelten Pflanzenwelt, die durch eine geologische Revolution unseres Erdballs verbrannt und verkohlt wurde.

„Die Majestät des Löwen, das Ebenmaß des Pferdes, die Schnelligkeit des Hirsches lassen uns keine Trauer empfinden über das Verschwinden der Mastodonten und Ichthyosauren.

„Es berührt nicht unser Gefühl, daß das Zwergvolk der Kimbo, welches Comerson im Anfang des achtzehnten Jahrhunderts im Innern von Madagaskar entdeckte, bereits gänzlich ausgestorben ist, daß ein ähnliches Loos sich an den von Du Chaillu beschriebenen, im äquatorialen Afrika wohnenden Obongo und Aschangi vollzieht, sowie an den von Schweinfurth ebendaselbst aufgefundenen Akka und Dokko.

„Der Tempel der Zukunft erhebt sich auf den Ruinen der Vergangenheit. Das Alte muß vergehen, damit Raum werde für das Neue. Es giebt keine abgeschlossene Schöpfung, es giebt nur ein stetiges Werden. Den selbstzufriedenen Ausspruch: „Und er sah, daß es gut war!" — wir müssen ihn ersetzen durch den

bescheideneren, aber mit der Wahrheit im größeren Einklange
stehenden: Wir wissen, daß es besser werden wird.

„Allmälig hat der Mensch aus einem affenähnlichen Wesen
sich herausgebildet. Die niederen Racen bilden lediglich Durch=
gangsphasen seiner fortschrittlichen Entwicklung.

„Nur, was in sich den Keim einer unbegrenzten Vervoll=
kommnungsfähigkeit hat, besitzt ein natürliches Recht auf Bestand.

„Der Mensch als Individuum, gleichviel welcher Race er
angehöre, hat Anspruch auf unseren Beistand, unsere Pflege,
unsere Liebe; das Individuum muß indeß zurücktreten, wenn es
sich um den Fortschritt des gesammten Menschengeschlechts handelt.

„Moses mußte durch das rothe Meer ziehen, um in das
gelobte Land einzudringen; so durchschreitet der Fortschritt oft
ein blutgeröthetes Meer, um der Erfüllung seiner Ideale näher
zu kommen. Er gleicht dem Wagen jenes hindostanischen Gottes,
dessen gewaltige Räder Alles, was sich ihm entgegenstellt, zer=
malmen. Das Leben entsprießt dem Tode, wie die auf ein Grab
gepflanzte Rose ihren berauschenden Duft aus der ekelhaften Ver=
wesung eines Leichnams saugt."

Ich hatte die Freude, diese Theorien von dem hervorragenden
deutschen Geographen und Ethnologen Carl Andree in seiner
Zeitschrift für Länder= und Völkerkunde „Globus" besprochen und
erörtert zu sehen. Auch in Frankreich machten sie einiges Aufsehen.

Noirot war mit meinen Arbeiten sehr zufrieden, und wir
schlossen uns enger an einander an. Ihm verdankte ich die Ein=
führung in litterarische und wissenschaftliche Kreise, in deren
Mitte ich anregende Stunden verlebte. So lernte ich auch
durch ihn den der berühmten französischen Buchdrucker= und Buch=
händlerfamilie angehörenden, 1876 in Paris verstorbenen Am=
broise Firmin Didot kennen, der neben seiner professionellen
Thätigkeit ein ausgezeichneter Gelehrter und Schriftsteller, haupt=
sächlich Kenner alter Sprachen und ein begeisterter Bibliophile
war, wie es die vielen von ihm gesammelten, jüngst zur Ver=

steigerung gelangten seltenen Ausgaben älterer Werke beweisen. Im Jahre 1864 war er mit der Herausgabe seiner „Biographie universelle" beschäftigt, die entgegen der von Michaud veranstalteten zweiten Auflage eines ähnlichen Werkes, welches royalistischen und klerikalen Ideen huldigte, trotz angestrebter Objectivität unverkennbar freisinnige Anschauungen vertrat.

Didot's Buchhandlung liegt in der Rue Jacob. An der Ecke der Rue des Saints Pères befand sich damals ein Café, wo hauptsächlich Schriftsteller verkehrten, und wohin sich auch jener alte Herr, eine vornehme und imposante Erscheinung, bisweilen des Sonntags Vormittags begab, um eine Partie Domino zu spielen. Dort stellte Noirot mich ihm vor, und ich hatte den Treffer, in der Unterhaltung mit ihm ein Thema zu berühren, für welches Didot sich lebhaft interessirte, nämlich die Oden Anakreons, die er ins Französische übersetzt, und mit denen ich selbst mich früher zufällig eingehender beschäftigt hatte. Beim Aufbruch lud er er mich ein, ihn zu besuchen. Am nächsten Tage schon kam ich seiner Einladung nach.

Ich drückte ihm den Wunsch aus, als Mitarbeiter für das biographische Lexikon bei ihm einzutreten.

„Wir sind zwar schon ziemlich weit vorgeschritten", entgegnete er mir, „wir stecken tief im Buchstaben S. Das wäre indeß kein ernstliches Hinderniß; die Frage ist nur, ob Ihr Styl sich gerade für eine derartige Arbeit eignet."

„Wenn auch vielleicht", erwiderte ich, „noch nicht mein heutiger, so doch, wie ich hoffe, mein morgiger, und übermorgen wird es noch besser gehen."

Er lächelte über mein Selbstbewußtsein, ließ den Leiter des Werkes, Louisy, früheren Professor der klassischen Sprachen an der Ecole normale rufen, und bat ihn, nachdem er uns mit einander bekannt gemacht hatte, mir einen der nächsten Artikel probeweise zur Bearbeitung zu überlassen. Ich begleitete Louisy sofort auf sein Bureau. Dieser, ein kleines, etwas zusammen-

getrocknetes Männchen, das Gesicht mit einem kurzgeschnittenen
dichten, dunklen Bart bedeckt und, obgleich er keine Brille trug,
der Typus eines Gelehrten, sagte mir kurz:

„Schreiben Sie, bitte, die Biographie von Stapß, möglichst
gedrängt, höchstens 40 Zeilen lang. Hier" — dabei wies er
auf die rings an den Wänden des Zimmers aufgestellten Bücher=
bretter — „finden Sie alle nöthigen Hilfswerke."

Damit setzte er sich, ohne sich weiter um mich zu kümmern,
an seinen Schreibtisch und vertiefte sich in seine Correkturen.

Stapß? grübelte ich. Wo habe ich doch gleich jenen Namen
gehört? Dunkel erinnerte ich mich, daß er mit Napoléon I. in
Verbindung stand, doch wo und wann? Ein Deutscher muß es
jedenfalls sein. Also — suchet und Ihr werdet finden.

Bald fand ich denn auch, was ich suchte. Stapß war
jener junge Mann, der sich am 13. Oktober 1809 nach Schön=
brunn begeben hatte, um den Franzosenkaiser zu ermorden, aber
als verdächtig festgenommen, und da er das beabsichtigte Atten=
tat unerschrocken eingestand, vier Tage darauf erschossen wurde.
Mein kleiner Artikel war bald fertig. Ich reichte ihn Louisy
hinüber. Einige Kürzungen, die er anbrachte, abgerechnet, konnte
die Arbeit passiren. In Folge davon wurden meine Dienste
angenommen, und ich hatte mir nun eine ziemlich sichere Existenz=
basis erworben. Jeden Vormittag verbrachte ich mehrere Stunden
in den Bureaux des Didot'schen Verlags oder stellte Quellen=
forschungen an in den öffentlichen Bibliotheken. Unter der Leitung
Louisys, mit dem ich nach und nach befreundet wurde, verbesserte
sich mein französischer Styl von Tag zu Tag, indem ich lernte,
mit wenigen Worten viel zu sagen; er wurde conciser und präg=
nanter, und dankbar denke ich noch an jenen Freund zurück, der
stets bereit war, mir rathend an die Hand zu gehen, und dessen
staunenswerthes Gedächtniß ich wiederholt Gelegenheit hatte zu be=
wundern. Sein Kopf war eine unerschöpfliche Fundgrube vielseitigsten
Wissens; Louisy glich einem lebenden Conversationslexikon.

Besonders gut gefielen dem alten Didot meine Artikel über David Strauß und über Struensee. Um letzteren zu schreiben, hatte ich in aller Eile mich einigermaßen mit der dänischen Sprache vertraut machen müssen, denn es war nothwendig gewesen, in der Bibliothek Sainte-Geneviève einige in jener Sprache ge- schriebene Bücher und Manuskripte zu consultiren, die von dem nordischen Reformator — ich betrachtete ihn als Vorläufer der französischen Revolution — handelten.

Mit Louisy blieb ich, nachdem ich Paris wieder verlassen, noch eine Zeitlang in Correspondenz. Der arme Noirot erlitt ein trauriges Ende. Eines Tages begleitete er seine Braut auf einem Ausfluge ins Grüne. Arm in Arm mit ihm am Ufer der Seine hinwandelnd, bemerkt sie einige hart am Wasser blühende Blumen. Sie wünscht sie zu besitzen. Noirot beugt sich nieder, um sie zu pflücken, verliert das Gleichgewicht, stürzt in den Fluß und ertrinkt vor den Augen des jammernden Mädchens.

Meine litterarischen und wissenschaftlichen Beschäftigungen nahmen indeß nicht meine ganze Zeit in Anspruch. Es gelang mir, auch mit berühmten Politikern in nähere Beziehungen zu treten, selbstverständlich ausschließlich mit liberalen, und diesen Bekanntschaften widmete ich ebenfalls mehrere Stunden täglich.

Zunächst will ich jedoch von meinem Besuch bei Alexander Dumas père erzählen. Ein Freund hatte mich bei ihm ein- geführt.

Dumas, mit ausgestreckten Händen auf mich zutretend, empfing mich mit einer Herzlichkeit, als ob wir seit Jahren schon miteinander bekannt wären. Das runde, volle, bräunliche Gesicht, welches die Mulattenabstammung nicht verleugnete, strahlte förm- lich von Gutmüthigkeit. Obgleich sein dichter, wulstiger Haarwuchs schon einige Silberfäden zeigte, hatten sein Auftreten und sein Be- nehmen doch etwas ausgeprägt Jugendliches. Die schwarzen Augen funkelten von Lebenslust. Ungetrübte Freude am Dasein schien ihm

ganz und gar zu erfüllen. Er war eben Sanguiniker und Opti=
mist, gleich zugethan den sinnlichen wie den geistigen Genüssen,
von kräftiger Körperconstitution, von leicht zu entflammendem
Herzen, von unverwüstlich guter Laune und von einer phänome=
nalen Arbeitskraft.

Wir sprachen von Mexiko. Dumas nahm den lebhaftesten
Antheil an Land und Leuten. Alles Neue erpackte ihn mit
unwiderstehlicher Gewalt. Vielleicht entstand während unserer
Unterhaltung in seinem fruchtbaren Kopfe bereits der Plan zu
einem mexikanischen Roman. Interessant war es, zu verfolgen,
wie die wechselnden Eindrücke sich auf seiner beweglichen und aus=
drucksvollen Physiognomie widerspiegelten. Man vergaß ganz
und gar, daß er bereits einundsechzig Jahre alt war. Bisweilen
glaubte man ein großes Kind vor sich zu sehen; selbst der un=
bedeutendste Anlaß brachte ihn zum Lachen, wobei er immer seine
vollzähligen weißen Zähne zeigte, und dieses war so ungezwungen,
so natürlich und darum so ansteckend, daß man nicht umhin
konnte, mit einzustimmen.

Sollte diese Charakteristik nicht eine Bestätigung meiner
Behauptung liefern, daß, wie ich einmal gesagt habe, Angehörige
der afrikanischen Race auch im Greisenalter noch manche Züge
der Kindheit bewahren? Sollte die kindliche Jovialität, welche
im alten Dumas zu Tage trat, nicht darauf zurückzuführen
sein, daß er einige Tropfen Negerbluts in seinen Adern hatte?

Alexander Dumas lud mich zu einer musikalischen Soirée
ein, welche er nächster Tage in einem zu diesem Zwecke von ihm
gemietheten öffentlichen Saale geben wollte. Seine Privatwohnung
war zu klein dazu. Ich erfuhr später, daß der Zweck des Festes
war, eine junge spanische Sängerin, Diaz, glaube ich, hieß sie,
in deren Banden der berühmte Romancier, aber als keineswegs
unglücklicher Seladon damals schmachtete, einem ausgewählten
Kreise der Pariser Gesellschaft vorzuführen. Berühmte Künstler,
Sänger und Musiker hatten ihre Mitwirkung zugesagt. Fräu=

lein Diaz, eine gluthvolle Südländerin, sang zwar weniger gut,
als sie hübsch war, erntete aber nichtsdestoweniger stürmischen
Beifall. Dumas war glücklich. Auch der Rest des Conzertes
verlief zur Zufriedenheit. Die „Gutschmecke,“ wie man in
Schlesien sagt, war für zuletzt aufgespart worden. Der Gast=
geber hatte uns eine Ueberraschung zugedacht.

Der Flügel wurde bei Seite gerückt, einige Sessel und
Sophas in einen Halbkreis gestellt, ein Teppich gelegt und damit
am obern Ende des Saales — eine Bühne improvisirt. Dumas
hatte für den Abend ein Lustspiel geschrieben, das nun durch die
ersten Schauspieler des théâtre français zur Aufführung ge=
langte. Einer größeren Natürlichkeit in der Darstellung bin ich
niemals und nirgends wieder begegnet. Es war, als ob die
Personen, die, durch keine Lampenreihe von uns getrennt, vor
uns sprachen und agirten, zu unserer Gesellschaft gehörten, als ob
die durchaus nicht unwahrscheinliche Szene — die unerwartete
Rückkehr eines Ehemannes von einer weiten Reise in das domi-
cile conjugal. wo inzwischen seine junge Frau sich als Pseudo=
Wittwe gerirt hatte — sich unter einem Pelotonfeuer von geist=
reichen Einfällen und pikanten Pointen in unserer Mitte abspielte.
Nicht einen Augenblick schien in einem der Schauspieler das Be=
wußtsein aufzutauchen, daß er eine Rolle hersage; darum ver=
schwand auch beim Zuschauer vollständig die Idee, daß er es mit
einer Fiction zu thun habe.

Dumas suchte sich den Ovationen zu entziehen. Schließ=
lich mußte er aber auf einen Stuhl steigen und sich von allen
Seiten beglückwünschen lassen. Nachdem endlich etwas Ruhe ein=
getreten war, hielt er eine kurze Ansprache an „seine lieben ver=
sammelten Gäste“, zunächst um seinen Dank auszusprechen für
die ihm gewordene Huldigung, dann um freiwillig uns ein Ver=
sprechen zu geben:

„Sie haben heute, meine Damen und Herren“, sagte er,
„einer première beigewohnt. Wie man aber ein Glas zu zer=

brechen pflegt, aus welchem Einem bei einer festlichen Gelegenheit ein Trunk besonders gut gemundet hat, so erkläre ich Ihnen,
daß es gleichzeitig eine dernière war. Das Stück wurde allein
für Sie, allein für diesen Abend verfaßt. Kein Andrer mehr
wird es hören. Nach Schluß der Soirée verbrenne ich das
Manuskript."

Ich glaube, Dumas hat sein Wort gehalten.

Ein glücklicher Zufall bewirkte meine Vorstellung im Hause
von Louis Garnier Pagès, dem Halbbruder des großen
Patrioten und Hauptes der französischen Demokratie unter der
Julidynastie, Etienne, ehemaligem Mitgliede der provisorischen
Regierung, Finanzminister der Februar-Republik und eigentlich-
stem Urheber des jüngst in staatssocialistischer Form wieder auf-
gewärmten „Rechtes auf Arbeit". Wenigstens war er es, welcher
Ende Februar 1848 im Namen der provisorischen Regierung
dieses Recht proklamirt hatte. Nachdem er sich später ins Pri-
vatleben zurückgezogen und seine unfreiwillige Muße unter Anderm zur Abfassung der 1862 vollendeten „Geschichte der Revolution von 1848" verwendet hatte, war er im März 1864 von
einem Pariser Wahlkreis neuerdings als Abgeordneter in den
gesetzgebenden Körper gewählt worden, wo er sich der radikalen
Opposition, damals in erster Linie durch Jules Favre, Adolphe
Thiers, Jules Simon, Ernest Picard und den nachher
fahnenflüchtigen Emile Ollivier, den Minister „au coeur
léger". vertreten, anschloß.

Garnier Pagès hatte trotz seiner einundsechzig Jahre eine
große Jugendlichkeit bewahrt; weniger im Aeußern, denn sein
glattrasirtes, faltenreiches Gesicht mit scharfen, ausdrucksvollen
Zügen, sowie die tief auf den Nacken herabwallenden grauen
Haare gaben ihm, in Verbindung mit seiner bequemen, alt-
modischen Tracht und den riesigen Vatermördern etwas Greisen-
haftes, wohl aber was seine Geistesfrische und seine Ansichten
anbetrifft. Nicht allein war er seinen Jugendidealen treu ge-

blieben — wie wenige Männer der Oeffentlichkeit können Dieses von sich sagen! — er hatte sie sogar weiter ausgebildet, vervoll- kommnet und sich mit ihnen stets auf der Höhe der Zeit gehalten, wie er sich z. B. für die kosmopolitische Idee der Verbrüderung aller Völker begeisterte. Wohl aus diesem Grunde verkehrte er vorzugsweise mit jungen Männern, namentlich mit bildungs- durstigen, strebsamen Arbeitern, um sie mit seinen Erfahrungen zu leiten, mit seinen Hoffnungen auf eine nahe, bessere Zukunft zu stärken. Seine unfern der Kirche St. Roch gelegene Woh- nung konnte als Herd einer vorläufig sich nur auf das theo- retische Gebiet beschränkenden socialistischen Verschwörung ange- sehen werden. Da ich nun der Meinung war und bin, unsere Epoche erheische vor Allem gesellschaftliche Reformen, und als Staatsform verdiene die republikanische hauptsächlich deshalb den Vorzug vor der monarchischen, weil sie die Durchführung jener Reformen erleichtert oder, besser gesagt, ihr geringere Hindernisse in den Weg stellt als jene, so nahm ich mit hohem Interesse an den Versammlungen Theil, in welchen oft bis spät'in die Nacht hin- ein die Probleme der neuen socialen Organisation diskutirt wurden.

Dort traf ich auch einige Male mit dem jungen Léon Gambetta zusammen, der damals sechsundzwanzigjährig, kaum erst anfing, von sich reden zu machen und die Aufmerksamkeit eines nur kleinen Kreises von Studiengenossen auf sich gezogen hatte. Obgleich in Cahors, der Stadt Heinrichs IV., geboren, rollte bekanntlich italienisches Blut in seinen Adern. Ein merkwür- diger Zufall ist es, daß an zwei Wendepunkten der französischen Geschichte Italiener die Hauptrolle in ihr spielten, erst Buonaparte, dann Gambetta, nur mit dem Unterschiede, daß Ersterer nie- mals vollständig Franzose geworden, Letzterer es aber mit Leib und Seele war. Mit tausend Fasern hing sein Herz am Vater- lande. Er liebte „la belle France" mehr als eine Geliebte, mehr als eine Mutter, wenn auch weniger als — sich selbst. Das Aussehen Gambetta's, mit mächtig hervorstehender Stirn

und Nase, hatte übrigens etwas vom semitischen Typus. Schon
zu jener Zeit war sein Auftreten ein sehr selbstbewußtes; er
wurde unwillig über jeden Widerspruch.

Glühende Freiheitsliebe erfüllte seine Brust. Auch bei Gar=
nier=Pagès ergriff er häufig das Wort, um ihr mit südlichem
Feuer Ausdruck zu geben. Neben ihr hatte aber ein ebenso
glühender Ehrgeiz Platz gefunden. Er haßte mit unauslösch=
lichem Ingrimm den Mann des zweiten Dezembers. Wenn er
aber gegen ihn und seine corrupte Regierung losdonnerte, wenn
er mit vielleicht etwas schauspielerhaften Wuthgeberden die Stirne
runzelte, aus dem einen schwarzen Auge Blitze schleuderte, die
kräftige Faust ballte und dröhnend auf den Tisch niederfallen
ließ, wenn er den Tag herbeisehnte, wo es ihm vergönnt sein
würde, dazu beizutragen, die Ketten des Volkes zu brechen, da
kam ihm schwerlich der Gedanke, in dem der Freiheit zurück=
gegebenen Lande als dessen „glücklichster Bürger" zu leben", wie
Fiesco, nach der Schiller'schen Tragödie, in freilich nur vorüber=
gehender Regung es wollte. Er hoffte vielmehr, dann einen maß=
gebenden Einfluß auf Frankreich's Geschicke zu gewinnen; mit einer
untergeordneten Rolle hätte er sich nicht begnügt. Gewiß erstrebte
er die Republik, doch die Republik mit Gambetta an der Spitze.
Er vergaß, daß sie eine Institution ist, in welcher die öffentlichen
Angelegenheiten nicht allein für, sondern auch durch Alle besorgt
werden sollen.

Aehnlich wie Fiesco von Bourgognino sagte: „Wenn diese
Flammen in's Vaterland schlagen, mögen die Doria feste stehen"
— urtheilte der scharfblickende Menschenkenner Garnier=Pagès
über Gambetta:

„Louis Napoléon mag sich in Acht nehmen vor diesem
jungen Feuertopf!"

Er setzte jedoch sofort hinzu:

„Eben soviel hätte aber einst die Republik von ihm zu be=
fürchten."

Diese 1864 gemachte Prophezeiung ist nur darum nicht ganz in Erfüllung gegangen, weil der Tod unverhofft und früh= zeitig den „dauphin de la République" hinweggrafste. Sonst wäre er sicher ihr Nachfolger geworden.

Bisweilen liebt es die Geschichte sich zu wiederholen. Die Ereignisse, welche sich während des siebenten Jahrzehents in Frankreich vollzogen, zeigten — mutatis mutandis — eine eigenthümliche Analogie mit der Epoche der ersten französischen Revolution. Wie 1792 auf den Trümmern des Königthums, so entstand am 4. September 1870 an Stelle des in Schmach versunkenen Kaiserthums die Republik. Nach furchtbaren, bluti= gen inneren Kämpfen — damals die Schreckensherrschaft, 1871 die Commune — trat zugleich mit der natürlichen Abspannung eine theilweise Beruhigung der Gemüther ein. In ihrem Schooße wurde aber beide Male durch den Ehrgeiz eines Mannes die Diktatur gezeitigt. Der Diktator der ersten Republik hieß Na= poléon I., jener der dritten Gambetta. Nach dem Triumphe, welchen Letzterer am 21. Juni in der Kammer davongetragen, sagte treffend das „Paris=Journal":

„Das war nicht allein die Rede eines Staatsmannes, es war die eines Staatschefs, eine Besitzergreifung, ein oratorischer 18. Brumaire!"

Ungeachtet seines wenig anmuthigen, en face gesehen, so= gar unheimlichen Aeußern gelang es Gambetta leicht, sich Freunde zu erwerben, aber er behielt sie nur so lange, als sie geneigt waren, seine Ueberlegenheit anzuerkennen und seinem Willen sich zu fügen. Er fühlte sich nur dann zufrieden, wenn er der Mittelpunkt seines Kreises, das Haupt seiner Umgebung sein konnte, und Dank seiner Redegabe, Dank der Energie seines Charakters, Dank seinem Selbstvertrauen, seinem Optimismus, Dank dem Glauben an seinen hohen Beruf, war er es in der That schon auf der Schule, auf der Universität und unter seinen Colle= gen vom Pariser Barreau. Alle seine Kameraden und Bekannten behandelten den jungen Bohème mit einer gewissen Auszeichnung. Er war ihr Rathgeber; in Meinungsverschiedenheiten hatte er stets das letzte Wort. Albert Wolff, der im August 1880 per= sönliche Reminiscenzen aus seiner Bekanntschaft mit dem Löwen des Tages im „Figaro" veröffentlichte, machte über Gambetta die charakteristische Aeußerung:

„Er sprach immer, und man unterbrach ihn niemals."

Ebenso fascinirend wirkte Gambetta später auf die Massen; doch wie entschieden er auch für deren Interessen eintrat, wie sehr er sich im Anfang der siebziger Jahre um die Hebung des vierten Standes bemühte und die „neuen gesellschaftlichen Schich= ten — „les nouvelles couches sociales" — in ihren An= sprüchen zu befriedigen trachtete, jene Schichten hörten auf ihn zu interessiren, sobald sie sich weigerten, ihm blindlings Heeresfolge zu leisten. In seiner ursprünglichen Gewalt über die Massen wie in vielem Andern glich Gambetta Danton: hinreißende Kraft des Naturells bei verhältnißmäßiger Beschränktheit des Geistes, Leidenschaft, doch keine wirkliche Herzenswärme und da= bei eine stark entwickelte Selbstsucht. Ja selbst seine Leidenschaft war häufig nur eine Maske, die er nach Bedarf anlegte und ab= legte. Rein äußerlich, so zu sagen körperlich, wurde er von seiner eigenen Beredtsamkeit entflammt, wußte er doch sehr gut, daß nur auf diese Weise die Zuhörer fortzureißen sind. Nicht umsonst hatte er Diderot's „Paradoxe sur le comédien" studirt; er hatte daraus gelernt, daß Schauspieler wie Redner innerlich kalt sein müssen, um Andre — mit Berechnung — zu erwärmen.

In Gambetta steckte ein Stück Jakobinerthum. Von dem Bewußtsein seiner eigenen Vortrefflichkeit durchdrungen, scheute er auch vor Gewaltmaßregeln nicht zurück, um seine Pläne durch= zusetzen. Er war durch und durch Autoritätsmensch, nur wollte er selbst mit der Autorität betraut sein. Er verlangte eine starke Staatsgewalt, doch sich als Träger derselben. Bewußt oder un= bewußt neigte er zum Cäsarismus.

Dem Scherbengericht der Athener lag eine hochvernünftige Idee zu Grunde. In einer Republik darf kein Bürger sich all= zuhoch über das Niveau der Gesammtheit erheben. Selbst ein Aristides mußte in die Verbannung wandern, weil das Volk es überdrüssig geworden war, ihn fort und fort „den Gerechten" nennen zu hören. Gambetta war nun allerdings weit entfernt davon, mit jenem „Gerechten" einen Vergleich aushalten zu können. Eher bestätigte er in seiner Person den psychologisch meist richtigen Satz Jean Jacques Rousseau's: „Niemals besaß ein Mensch ohne Laster große Eigenschaften." Umsomehr würde ich, wäre ich ein Franzose, laut meine Stimme erhoben haben gegen die überschwängliche Begeisterung, mit welcher man Gambetta eine Zeitlang in Frankreich feierte; mit allen Kräften hätte ich zu seinem Sturz beigetragen, um die Republik vor der Gefahr zu retten, die er sicher über sie heraufbeschworen, um zu verhindern, daß der Krämersohn aus Cahors in die Fußtapfen des Artillerie= lieutenants aus Ajaccio träte.

Obgleich anfänglich von Thiers, der in ihm nur den wil= den Vorwärtsstürmer, den leidenschaftlichen Agitator sah, ein „fou furieux" — rasender Narr — geheißen, hatte er sich trotz= dem mit seiner italienischen Versatilität und Anpassungskunst allmälig zum Opportunisten umgebildet, der mit eigener Hand den revolutionären Schweif seiner Belleviller Wähler, weil er ihm das Aufklimmen erschwerte, abschnitt und jede sich darbietende Gelegenheit für seine Zwecke ausnützte, ohne sich allzusehr um Grundsätze zu kümmern — worin ja das Wesen des modernen Staatsmannes besteht.

Wie ich Gambetta in seiner Jugend gesehen und erkannt, noch vor seinen Erfolgen in der Sache der geheimen Gesellschaft der „54" und in der Baudin=Angelegenheit, gerade so hat er sich später entwickelt. Unmittelbar nachdem er gestorben, schrieb ich über ihn, nicht vom deutschen, sondern vom republikanischen Standpunkt aus: „Ich bin gern bereit, seinen großen Eigen=

schaften volle Gerechtigkeit widerfahren zu lassen, immerhin bleibt
es fraglich, ob sein Tod nicht vielmehr als Glück, denn als Unglück für den Fortbestand der freiheitlichen Institutionen in
Frankreich angesehen werden muß."

Diese Ueberzeugung hege ich noch heute.

Gerade in Bezug auf Gambetta war es angezeigt, sich an
Marat's Vorschrift zu erinnern, der die Hauptpflichten eines
Volksvertreters in das eine Wort zusammenfaßte: „Mißtrauen."

Nur wenig hat Gambetta erreicht von dem, was er als
Ziel seines Lebens betrachtete, doch aber hätte er im Augenblicke,
als er die Augen für immer schloß, zum eigenen Trost die Worte
vor sich hinmurmeln können: „non omnis moriar" — nicht
ganz werde ich sterben. Nein, er wird fortleben in der Geschichte
als beredter Tribun, als schneidiger Parlamentarier, als unversöhnlicher Gegner der Reaktion und der clerikalen Geisterver-
dunkelung, als Mann der energischen That, als begeisterter Patriot, als kühner Diktator, als geschickter Politiker, aber, muß
ich hinzusetzen, — als schlechter Republikaner. Er war zu ausschließlich ein Ich, um dienend als Glied sich dem Ganzen anzuschließen.

Eines Abends im Spätherbst 1864 hatte ich Garnier-
Pagès gebeten, mich mit einigen seiner Collegen der äußersten
Linken bekannt zu machen. Er forderte mich auf, zu diesem
Zwecke ihn am nächsten Tage in den couloirs des gesetzgebenden
Körpers, im ehemaligen Palais Bourbon, aufzusuchen. Am
Meisten lag mir daran, mit Jules Favre zu sprechen, dem
früheren Unterstaatssekretär Ledru Rollin's, als dieser im
Revolutionsjahre 1848 den Posten eines Ministers des Innern
bekleidete; war er es doch gewesen, der von Anfang an in der
Kammer das mexikanische Abenteuer bekämpft hatte.

Schon in der Session des Jahres 1862 war von ihm in
Gemeinschaft mit den übrigen Mitgliedern der damals nur aus
fünf Abgeordneten bestehenden Opposition bei der Diskussion des

Abreßentwurfs ein Amendement eingebracht worden, welches das Bedauern über jene transatlantische Expedition aussprach.

Napoléon III. hatte in der Thronrede vom 27. Januar gesagt:

„Wir würden uns mit Niemandem in Kampf befinden, wenn nicht in Mexiko das Vorgehen einer gewissenlosen Regierung — „d'un gouvernement sans scrupules" — uns gezwungen hätte, uns mit Spanien und England zu vereinigen, um unsere Landsleute zu beschützen und fernere Attentate gegen die Menschlichkeit und das Völkerrecht zu verhindern.

„Aus diesem Conflikt kann indeß nichts hervorgehen, das unser Vertrauen auf die Zukunft zu beeinträchtigen — „altérer' — vermöchte."

Gegen diese optimistische Auffassung ergriff Favre das Wort. Er bemerkte, die Expedition scheine ihm nicht hinlänglich durch das nationale Interesse gerechtfertigt, da es sich um verhältnißmäßig wenig bedeutende Reklamationen handle, und Frankreich, um deren Zahlung zu erlangen, sich genöthigt sehen dürfte, mehrere Hunderte von Millionen und Tausende von Menschen zu opfern.

Favre wußte vermuthlich damals noch gar nicht, wie lächerlich geringfügig die berechtigte französische Geldforderung war. Sie basirte auf einer 1853 mit dem Gesandten Levasseur abgeschlossenen Convention, die ihren Ursprung in den Reklamationen mehrerer in Mexiko wohnender Franzosen hatte, zum größten Theile begründet in der Werthherabsetzung der Kupfermünzen des Landes, und belief sich auf nur 120,000 Pesos, für deren Verzinsung und Amortisirung anfänglich 25 Procent der von französischen Schiffen zu entrichtenden Einfuhrzölle stipulirt waren, zu denen später, nach einem Uebereinkommen mit dem Admiral Penaud, noch 8 Procent der von Schiffen anderer Nationen zu bezahlenden Zölle hinzugefügt worden waren. Trotz der ausdrücklichen Bedingung, daß diese Convention ihren Schutz nur auf Forderungen auszudehnen haben sollte, welche von ihrem Beginne bis zu ihrem Ende sich in französischen Händen befänden, bemühte sich Dubois de Saligny das Verlangen durchzusetzen, hinsichtlich des Ursprungs der von französischen Unterthanen präsentirten Reklamationen dürfe keine Untersuchung angestellt werden, natürlich um allen möglichen Betrügereien Thor und Thür zu öffnen. Zu den 120,000 Pesos kamen später noch andere kleinere Summen, welche die ganze Schuld auf 190,845 Pesos anwachsen ließen, also auf rund eine Million Francs!

Witzig meinte Felix Pyat in seinem offenen Briefe an „Juarez und seine Freunde":

„In der Gesammtsumme der gegen Mexiko erhobenen Reklamationen repräsentirt Frankreich nur die centimes."

In der That betrug 1861 das Kapital der englischen Schuld 51.208,256 Pesos, das der spanischen 6,383,423 außer den rückständigen Zinsen, deren Abzahlung gleichzeitig mit der der französischen Schuld durch das bald wieder aufgehobene Gesetz vom 17. Juli 1861 auf zwei Jahre suspendirt worden war.

Dagegen hatte Mr. Seward, als Staatssekretair des Aeußern in Washington, jenen drei Cabinetten eine Lehre politischer Würde gebend, dem amerikanischen Gesandten in Mexiko, Mr. Weller, die Instruktion zugehen lassen, der mexikanischen Regierung zu erklären, die Vereinigten Staaten würden jedwede Schuldforderung, die sie etwa an die Republik haben könnten, so lange verschieben, bis das Land vollständig konstituirt, organisirt und pacificirt wäre, da sie volles Vertrauen in die Ehrenhaftigkeit und den guten Willen seiner Regierung setzten.

Aber Napoléon hatte ja auch von Attentaten gegen die Menschlichkeit gesprochen. Wie sah es nun damit aus?

Gerade die in Mexiko ansässigen Franzosen waren von unserer liberalen Partei, welche sich gern der drei welthistorischen Revolutionen von 1789, 1830 und 1848 erinnerte, vorzugsweise

geliebt und geachtet. Da blieb dem Gesandten Dubois de
Saligny nichts Anderes übrig, als einen Mordversuch gegen
sein eigenes geheiligtes Leben zu — erfinden. In Folge eines
Sieges, den die Regierungstruppen im Sommer 1861 über eine
reaktionäre Bande erfochten hatten, zogen Volkshaufen, jubelnd
und jauchzend, Schwärmer abfeuernd und Gewehre losschießend,
durch die Straßen der Hauptstadt. Als sie bei Saligny's
Hause vorüberkamen, brachten sie dem französischen Volke ein
Hoch aus. Bei dieser Gelegenheit drang eine verlorene Kugel in
eine Gallerie des Gebäudes, in welcher zufällig der Gesandte
spazieren ging, wohlverstanden, ohne ihn zu verletzen. Eine unverzüglich von Amtswegen vorgenommene genaue Untersuchung
ergab, daß nicht der mindeste Grund vorlag, an eine böswillige
Absicht zu glauben; es wurde sogar von Sachverständigen nach-
gewiesen, daß die Kugel ihrer Richtung nach Saligny gar
nicht hätte treffen können. Trotzdem wurde auch dieser Zufall
von Napoléon zu einem casus belli aufgebauscht.

Vornehmlich beunruhigte Favre die Einmischung Frankreichs in die inneren Angelegenheiten eines fremden Landes, eine
Einmischung, die, wie er sagte, nach gewissen Gerüchten zu urtheilen, mit dem Umsturz der mexikanischen Republik und der
Einsetzung einer Monarchie zu Gunsten eines österreichischen Erzherzogs enden solle. Frankreich lasse sich somit in ein unge-
rechtes, abenteuerliches und gefährliches Unternehmen ein, bei
dem es sogar höchst fraglich sei, ob es auf die aufrichtige Unterstützung der beiden Verbündeten, Spanien und England, werde
rechnen können. Also schon im Frühling 1862 fehlte es der
französischen Regierung nicht an Warnungen aus den Kreisen der
Volksvertreter, und wenn die Warnenden auch nur eine kleine
Minorität ausmachten, hat die Geschichte nicht wiederholte Beweise
geliefert, daß keineswegs immer das richtigere Verständniß der
politischen Lage bei der Mehrheit wohnt?

Schon damals erschien also auch des blonden Maximilian

Candidatur für den in Mexiko aufzurichtenden Kaiserthron gleich
einer schwarzen Wolke am Horizont. Gleichzeitig sah man eine
ganze hungrige Meute von anderen prinzlichen Bewerbern um
jenen Thron auftauchen. Es war die Rede vom Infanten Don
Juan, dem Vater Carlos VII., von der Schwester Isa=
bella's II., der Infantin Luisa Fernanda, Gemahlin des
Herzogs von Montpensier, den vor seiner Heirath sein Vater,
der gute Rechner Louis Philippe, spaßhaft „mon dépensier"
zu nennen pflegte, vom Infanten Don Sebastian, vom zweiten
Sohne Leopolds I. von Belgien, dem Herzog von Flandern,
von einem baierischen Prinzen, vom abgesetzten Großherzog von
Toscana, von einem der Brüder des Exkönigs von Neapel und
wohl noch von andern. Allerdings standen von Anfang an
Maximilian's Aktien am Besten, denn sie wurden poussirt vom
Kaiser der Franzosen.

Noch war es aber zu früh, diese Combination einzugestehen.

Billault, Minister ohne Portefeuille und gleichsam das
officielle Sprachrohr Louis Napoléons, antwortete auf Favre's
Philippika mit einer Aufzählung angeblich in Mexiko gegen fran=
zösische Unterthanen verübter Gewaltakte — „avanies sans
nombre". Die Expedition, sagte er, sei durchaus gefahrlos, die
französischen Truppen, welche am 20. Februar Veracruz verlassen,
müßten bereits in der Hauptstadt angelangt sein — bekanntlich
wurden sie am 5. Mai 1862 von Zaragoza bei Puebla ge=
schlagen und zum Rückzug gezwungen.

Bezüglich der Candidatur Maximilians äußerte er:

„Sind diese Gerüchte wirklich ernst zu nehmen? Französische
Officiere sollen bei ihrem Aufbruch nach Mexiko gesagt haben, sie
gingen dorthin, um für einen deutschen Prinzen ein Königreich
zu gründen. Welchen Werth können solche Auslassungen haben!
Trotzdem wurde der englische Botschafter durch dieselben erregt
und begab sich zu unserm Minister des Aeußern, der ihm er=
widerte: „Das ist nicht der Fall!"

„Cela n'est pas!" so rief Billault am 13. März 1862 dem gesetzgebenden Körper, Frankreich und der Welt zu. Aber im Auftrage seines Herrn hatte der Mann — gelogen, ebenso wie am 16. April 1849 der damalige Premierminister des Präsidenten Louis Napoléon, Odilon Barrot, gelogen hatte, als er die Erklärung abgab: „Oesterreich verfolgt die Conse= quenzen seines Sieges zu Novara. Die Idee der französischen Regierung ist nicht, die französische Republik sich am Umsturz der römischen Republik betheiligen zu lassen, sondern nur den Einfluß Frankreichs im Interesse der Sache der Freiheit aufrecht zu erhalten und Italien gegen Oesterreichs Heere zu schützen."

Man kann nicht oft genug auf solche diplomatischen und officiellen Lügen aufmerksam machen, damit die Völker sich nicht immer von Neuem durch sie täuschen lassen.

Auch bei Gelegenheit der Adreßdebatte der parlamentarischen Session von 1863 hatte die fünfköpfige Opposition folgendes Amendement eingebracht:

„Wir bewundern den Heldenmuth unserer Soldaten, die in Mexiko unter einem mörderischen Klima kämpfen, und wir ent= senden ihnen unsere sympathischsten Wünsche; die Sorge um die nationale Ehre darf jedoch eine politische Versammlung nicht abhalten, über ein Unternehmen zu urtheilen, dessen Ursachen sie jetzt zu kennen und dessen Folgen sie vorauszusehen vermag. Frankreichs Streitkräfte dürfen nicht tollkühn — témérairement — in schlecht definirte und abenteuerliche Expeditionen verwickelt werden. Weder unsere Grundsätze noch unsere In= teressen riethen uns nachzuforschen, welche Regierung das mexi= kanische Volk wünsche."

Wieder war es, neben Picard, Jules Favre, der mit ähnlichen Argumenten wie ein Jahr früher dieses Amendement vertheidigte. Jetzt konnte er mit vollem Rechte sagen, daß durch den Mund Billaults, der 1862 die Candidatur Maximi= lian's als Fabel zurückgewiesen, die Regierung die Kammer

betrogen habe; ebenso brandmarkte er die Jecker'sche Reklamation
und die verspätete Naturalisation dieses Schweizer Banquiers.
Was waren dagegen die Schönfärbereien eines Barons Jérome
David, was die Vertheidigungsrede Billault's, was dessen
Anrufen der „dignité nationale", des „honneur militaire"!
Phrasen, Phrasen, nichts als Phrasen!   Bei einer so sorgfältig
ausgesuchten, fast ausschließlich aus Jasagern, aus Mamelucken
zusammengesetzten Volksvertretung verfehlten sie indessen natürlich
nicht ihre Wirkung.   Favre predigte tauben Ohren; seine
Cassandrarufe verhallten unbeachtet.   Das Amendement wurde
gegen die fünf Stimmen der Deputirten, die es eingebracht hatten,
abgelehnt.

Es ist begreiflich, daß ich nach diesen Antecedentien Jules
Favre's, schon bevor ich in persönlichen Verkehr mit ihm trat,
eine lebhafte Vorliebe für ihn hegte, und wenngleich, ich mir
nicht verhehlte, daß die Angriffe gegen die französische Regierung,
zu welchen die mexikanische Frage ihm einen ebenso bequemen
wie willkommenen Anlaß bot, weniger dem Interesse für Mexiko
als dem für Frankreich selbst und dem Wunsche, in die na=
poleonische Politik Bresche zu legen, ihren Ursprung verdankten,
so war er nichtsdestoweniger unserer damals halb verlorenen
Sache ein schätzenswerther Bundesgenosse.   Es drängte mich des=
halb, ihm im Namen der mexikanischen Republikaner meinen
Dank auszusprechen.

Die Vorstellung in den couloirs des gesetzgebenden Körpers
war eine sehr kurze.   Favre hatte wiederum zu reden.

„Ich will Sie jetzt nicht länger aufhalten", sagte ich zu ihm,
mich verabschiedend.   „Wann finde ich Sie am Wenigsten be=
schäftigt, unbeschäftigt darf ich nicht sagen, um mich länger mit
Ihnen über auch für Sie wichtige Gegenstände zu unterhalten?"

„Meine gewöhnliche Empfangsstunde", erwiderte Favre, „ist
Nachmittags zwischen vier und fünf.   Versuchen Sie es einmal,
ob Sie mich dann einigermaßen frei finden.   Gelingt es Ihnen

nicht, was wohl möglich ist, so müssen wir eine passendere Zeit
ausfindig machen."

1864 in der Mitte der fünfziger Jahre stehend, hatte Favre
noch seine volle Manneskraft bewahrt. Er verfügte über ein
angenehmes, volltönendes Organ. Seine Beredtsamkeit, die er
seit 1830, in welchem Jahre er in seiner Vaterstadt Lyon seine
Laufbahn als Advokat begann, um sechs Jahre darauf nach
Paris überzusiedeln, in zahllosen, namentlich politischen Pro-
zessen ausgebildet hatte, bewahrte den forensischen Charakter,
wie er früher beim französischen Barreau vorherrschte. Sie war
mehr akademisch als populär und unterschied sich aus diesem
Grunde wesentlich von der Gambetta's, entbehrte aber trotzdem nicht der wahrer Begeisterung für die liberalen Grundsätze
entspringenden Wärme. Seine ersten Lorbeeren hatte er 1834
als Vertheidiger des Arbeitervereins „les mutuellistes" gepflückt.
Später lenkte sein glänzendes Plaidoyer in der Affaire Orsini
von Neuem die Aufmerksamkeit auf ihn. Als Parlamentarier
bewies er eine vernichtende Logik, einen beißenden Sarkasmus,
eine edle Rücksichtslosigkeit. Sogar politische Gegner vermochten
nicht immer den Reizen der Favre'schen Redekunst zu widerstehen. Man erzählt z. B., daß Proudhon, der wahrlich nicht
als sein Parteigenosse anzusehen ist, als er 1848, nahe der Tribüne
der Nationalversammlung stehend, einer feurigen Ansprache Favre's
gelauscht hatte, sich nicht enthalten konnte in wiederholte, laute
Ausrufe: „c'est sublime! c'est sublime!" auszubrechen. Auch
auf mich, der ich Favre häufig im gesetzgebenden Körper reden
gehört habe, brachte er eine ähnliche Wirkung hervor.

Mein Liberalismus war jedoch um manche Nuance röther
als der seine. Favre, gleich den meisten übrigen Liberalen, die
ihre oppositionelle Vorschule unter der Regierung des „Königs
mit dem Regenschirm" durchgemacht hatten, erblickte in der Republik quand même eine Panacée für alle möglichen, auch für
die socialen Leiden; die Republik ist indeß, wie ich schon be-

merkte, lediglich eine günstige Vorbedingung, um die unerläßlichen
gesellschaftlichen Verbesserungen einzuführen; sie ist ein Mittel
zum Zweck, allerdings, wenn richtig angewendet, ein sehr wirk=
sames, nicht aber der anzustrebende Zweck selbst. Auf diesem
Standpunkt stand Jules Favre nicht. Er gehörte der Gruppe
der Altliberalen an und begriff nur unvollständig die Folgerichtig=
keit im Vorgehen der ersten französischen Revolution, so ent=
schieden er sich auch als ihren Anhänger bekannte, welche mit
sämmtlichen den früheren monarchischen Zuständen entsprossenen
Einrichtungen und Gewohnheiten tabula rasa machen und den
ganzen Gesellschaftsteig in neue Formen kneten wollte. Auch
hatte Favre sich einzelne Schwankungen vorzuwerfen, z. B. als
er 1848 in seiner Eigenschaft als Berichterstatter der Kommission,
welche untersuchen sollte, ob Louis Blanc in Anklagezustand
zu versetzen sei, sich dafür erklärte.

1864 war er der unbestritten und allgemein anerkannte,
allgemein geehrte und geachtete Führer der Unversöhnlichen. Er
hatte sogar eine höhere Stufe in der Liebe des freisinnigen
Volkes erklommen, als die war, welche er sechszehn Jahre früher
nach Ledru Rollin's Flucht als Hauptredner der Bergpartei ein=
genommen. Der Umstand, daß er 1848 auch eine Zeit lang
den Posten des Unterstaatssekretairs im Ministerium des Aeußern
bekleidet, kam ihm zu statten, um Napoleon's III. auswärtige
Politik einer scharfen Kritik zu unterziehen.

War auch durch die Wahlen vom 31. Mai und 1. Juni
1863, an welchen sich von 10,004,028 eingeschriebenen Wählern
7,290,170 betheiligten, dem ursprünglich winzigen Häuflein der
Opposition in beinahe sämmtlichen großen Städten der Sieg zu=
gefallen, wie z. B. Paris in den von ihm zu wählenden neun
Abgeordneten ausschließlich Gegner der Regierung in den gesetz=
gebenden Körper entsandte, so daß jenes Häuflein in Folge hiervon
bis auf 35 angewachsen war, so hatte sich darum Favre's parla=
mentarische Thätigkeit doch nicht vermindert. Er fehlte bei fast

keiner Sitzung der Kammer. Immer noch leitete er in wichtigen
Fragen den Angriff. Ohne sichtlich zu ermüden, vermochte er
Stunden lang gegen die mannigfachen Mißbräuche der kaiserlichen
Regierung zu donnern. Dann verklärte sich förmlich sein sonst
merkwürdig unschönes Gesicht. Oft, wenn ich ihn so erblickte,
seine vierkantige, große Gestalt zu ihrer ganzen Höhe aufgerichtet,
das von wirrem Haar und in der Regel wenig gepflegtem, kurzem
Vollbart umrahmte Haupt stolz in den Nacken geworfen, die
Rechte, als ob sie Jupiterblitze gegen das feile Abgeordnetenge=
schmeiß der Majorität schleudern wollte, mit kühner Gesticulation
ausgestreckt, dazu die weithin hallende Stimme, welche, wenn er
sie zu voller Kraft anschwellen ließ, wie das Gebrüll eines
zornigen Löwen klang — so glaubte ich, einer der Helden der
ersten französischen Revolution, die von der Höhe des „Berges"
herab Frankreich und später der Welt Gesetze vorschrieben, sei
wiedererstanden, nur daß Favre eine weicher angelegte Natur
und zarten Regungen zugänglicher war als die meisten der mon-
tagnards, bis zu dem Grade, daß er sich nicht selten von ihnen
beherrschen und das Gefühl lauter sprechen ließ als den Verstand.
Eine große Aehnlichkeit besaß er auch mit dem österreichischen
Advokaten, Parlamentarier und Minister Giskra, den ich 1873
in Wien kennen lernte, sowohl was seine Lebensschicksale wie
sein Auftreten, ja auch was seinen Charakter nach dessen guten
und schlechten Seiten anbetrifft.

Neben den Pflichten, die ihm sein Mandat auferlegte, ver=
nachlässigte er keineswegs seine Berufsgeschäfte als vielgesuchter
Advokat. Allerdings glich er insofern dem hundertarmigen Riesen
der griechischen Mythologie, als er in der Epoche, während
welcher ich mit ihm umging, über ein zahlreiches Personal von
Hilfsarbeitern verfügte, nur besaß er nicht gleich Briareos auch
fünfzig Köpfe. Sein einer mußte genügen, die ganze vielräderige,
complicirte Maschine zu lenken.

Außerdem mußte er sich Zeit zu erübrigen, um zu studieren

und juristische wie politische Artikel zu veröffentlichen, für welche er als Redakteur des „Droit" und des „National" sich eine treffliche Schulung angeeignet hatte. Sogar auf dem Felde der schönen Litteratur versuchte er sich und verfaßte mehrere Bluettes, Proverbes und kleine Lustspiele, von denen jedoch, soviel ich weiß, nur äußerst wenige gedruckt worden sind.

Selten ist mir ein so viel beschäftigter Mann vorgekommen, selten habe ich Gelegenheit gehabt, eine so unermüdliche Arbeitskraft zu bewundern.

Wenige Tage nach meiner Vorstellung machte ich den Versuch, Jules Favre in seiner Wohnung zu treffen. Was er vorhergesehen, trat ein. In dem saalartigen, mit grünen Sammetmöbeln versehenen Vorzimmer fand ich, als wäre es das eines Ministers, eine Menge von Personen, fast ausnahmsweise den besseren Ständen angehörend, Herren wie Damen versammelt, die Alle des Augenblicks harrten, das Sanctum des berühmten Rechtsgelehrten betreten zu dürfen. Galonnirte Diener gingen geschäftig auf und ab. In Favre's Bureaux angestellte Advokaten ertheilten im Namen des maître einzelnen Clienten den gewünschten Aufschluß. Es war ein fortwährendes Kommen und Gehen, ein lebhaftes Treiben, ein dumpfes Summen vieler, meist im Flüstertone geführter Unterhaltungen.

Noch immer kam die Reihe nicht an mich. Wenig geübt in der Kunst des Antichambrirens, fuhr ich verstimmt nach Hause.

Am nächsten Morgen jedoch erhielt ich von Favre einen äußerst liebenswürdigen Entschuldigungsbrief.

„Ich dachte es mir gleich", schrieb er mir darin, „daß Sie zu meiner gewöhnlichen Empfangsstunde nicht würden zu mir dringen können. So erlaube ich mir denn, Sie schon jetzt zu meinen intimes zu zählen, und stelle mich Ihnen deshalb zu zwei anderen Tageszeiten zur Verfügung: um ernsthaft über Politik zu reden — des Morgens um halb sechs Uhr in meinem

Arbeitszimmer; um gemüthlich von allem Möglichen zu plaudern, des Abends um halb elf Uhr in meinem Salon."

Früh um halb sechs? Im November? Im langschlafenden Paris? Ich traute meinen Augen kaum, doch da stand es deutlich zu lesen. So opferte ich denn meinen Morgenschlummer, und an einem der nächsten Tage, noch vor fünf Uhr, verließ ich meine in der Avenue de la Motte Piquet, im militärischen Viertel, nahe dem Champ de Mars gelegene Wohnung, um mich von einem Fiacre, Kutscher und Pferd gleich schlaftrunken, nach der wohl eine halbe Stunde entfernten Amsterdamerstraße fahren zu lassen.

Hausflur und Treppenflucht fand ich bereits hell erleuchtet. Ein Diener meldete mich an. Einen Augenblick darauf stand ich vor Jules Favre, der in einen türkischen Schlafrock gehüllt, in seinem prachtvollen, dabei aber sehr wohnlichen, von mehreren Lampen erhellten Studierzimmer am Schreibtische saß. Unmittelbar nachdem ich eingetreten, servirte man den Kaffee, und nun konnten wir, die Cigarre im Munde, ungestört über die mexikanischen Angelegenheiten sprechen.

Ich erhielt ziemlich regelmäßig wahrheitsgetreue Nachrichten aus der unmittelbaren Umgebung des Präsidenten Juarez, auch bisweilen Briefe von diesem selbst, ebenso aus anderen Orten der Republik von Freunden und Gesinnungsgenossen. Ich war somit in der Lage, Favre stets auf dem Laufenden der dortigen Ereignisse zu halten und ihm wegen meiner genauen Kenntniß der Verhältnisse und Personen auf alle seine Fragen die gewünschte Auskunft zu ertheilen.

Derartige Morgenbesuche habe ich ihm manche abgestattet. Bald waren wir uns geistig so nahe getreten, als seien wir durch jahrelange Bekanntschaft mit einander verbunden. Häufig stellte ich ihm, auch der Form nach schon zu fertigen Reden umgearbeitet, die wesentlichsten Mittheilungen, welche mir von drüben zugegangen waren, zusammen, und es machte mich innerlich lachen, zu sehen, wie er in der Kammer die Regierung und ihre Anhänger, auch seine Collegen von der Opposition, mit seinen aus ihnen unbekannter, sicherer Quelle geschöpften In= formationen verblüffte.

Wenn ich nun, was ebenfalls nicht selten geschah, noch am Abend, nachdem ich schon in der Frühe mit ihm zusammengewe= wesen war und am Nachmittag im corps législatif ihn hatte reden hören, seinen Salon betrat, so fand ich ihn, trotzdem er die Anstrengungen eines voll ausgenützten Tages hinter sich hatte, körperlich und geistig so frisch, als ob er sich einem langen dolce far niente hingegeben hätte. Er war der aufmerksamste, heiterste Wirth und verstand es, Lust und Leben um sich zu verbreiten.

In einer dieser interessanten Réunions, dem Sammelplatz vieler politischer, litterarischer und wissenschaftlicher Coryphäen, gelangte zur Feier des Geburtstages seiner jungen, doch schon erwachsenen Tochter, von Dilettanten aufgeführt, ein reizendes Lustspiel zur Aufführung, wenn ich nicht irre, war es das später unter dem Titel „Trait d'union" veröffentlichte, das ihr zu Ehren der aufmerksame Vater gedichtet hatte. Durch das stupide und unmoralische, in Frankreich geltende, nun aber endlich, Dank Naquet's Propaganda, aufgehobene Verbot der Ehe= scheidung war dieser verhindert worden, deren Mutter, eine von ihrem nominellen Gatten seit Jahren getrennt lebende Frau, vor aller Welt zu seiner Gemahlin zu machen.

Im Frühling 1865 kurz vor meiner Rückreise nach Amerika sah ich Favre zum letzten Male. Wohl hatte er später noch die Genugthuung, seine düstern Prophezeiungen über den Ausgang der mexikanischen Expedition durch die Thatsachen bestätigt zu sehen, ebenso die, dem ruhmlosen Untergange der von ihm so sehr ge= haßten napoleonischen Herrschaft beizuwohnen. Aber diese doppelte Genugthuung war keine reine. Immer war es Frankreich, sein von ihm heiß geliebtes Frankreich, welches in Mexiko eine schwere

politische Niederlage erlitten hatte; immer war es wiederum
Frankreich, welches, um von seinem Dezemberkaiser befreit zu
werden, eine fremde Invasion über sich ergehen lassen und un=
ermeßliche Opfer hatte bringen müssen.

Dazu wollte es Favre's Unstern, daß gerade ihm als
Mitglied der Regierung vom 4. September und an die
Spitze des Ministeriums des Aeußern gestellt, die schwierige und
undankbare Aufgabe zufiel, über den Frieden und die Räumung
des Landes mit einem diplomatischen Gegner unterhandeln zu
müssen, gegen den noch Niemand hat aufkommen können. Er
mußte nothwendig den Kürzern ziehen, er mußte Fiasko machen,
einmal weil damals schon die Sache Frankreichs definitiv ver=
loren war, dann weil er gegenüber dem realistischen Grafen
Bismarck die Dinge hauptsächlich vom Standpunkte des Ge=
fühls, der Begeisterung, des Enthusiasmus auffaßte. Sein
„keinen Zoll breit von unserem Boden, keinen Stein von unseren
Festungen" ist eine Aeußerung, die ihn als Patrioten ehrt; sie
beweist aber, wie wenig er mit den einmal gegebenen Ver=
hältnissen zu rechnen verstand; sie zeigt, daß er in diesem
wichtigen Falle aller staatsmännischen Begabung bar gewesen.
Weil er mit seinen Bemühungen, von Deutschland einen für
sein Vaterland günstigen Frieden zu erreichen, erfolglos ge=
blieben war, hat man ihn von vielen Seiten, oft auf die
unloyalste Weise, angegriffen. Mag er immerhin einen Theil
jener und anderer während seiner kurzen Ministerschaft unter
Thiers gegen ihn erhobenen Anklagen verdient haben, kein
Mensch darf ihm die Anerkennung versagen, daß er in allen
Wechselfällen seines reichen politischen Lebens sich als ein auf=
richtiger Freund seines Landes, als ein stets gesinnungs= und
pflichttreuer Republikaner, dem freilich das volle Verständniß für
die berechtigten Forderungen der Neuzeit abging, und im Privat=
leben trotz der Skandalchronik, die sich ihn zum Stichblatt wählte,
als vollkommener Ehrenmann erwiesen hat.

v. Gagern, Todte und Lebende. II. 16

Gern und mit Dankbarkeit denke ich an ihn zurück. Zu
Gunsten Mexikos that er in seiner Sphäre, was er vermochte,
und persönlich habe ich ihn stets als guten Freund erfunden.
Für seinen Ruhm starb er als gebrochener Mann am 20. Januar
1880 — um zehn Jahre zu spät.

Von weiteren Mitgliedern der Opposition lernte ich noch
Jules Simon, Ernest Picard und Adolphe Thiers,
freilich nur ziemlich oberflächlich, kennen.

Bevor ich Simon besuchte, der damals und, wie ich glaube,
auch heute noch, zwar im fünften Stockwerk, doch in einem der vor-
nehmsten Viertel von Paris, am Madeleineplatz wohnte, warf ich
noch einmal einen Blick in einige der von ihm verfaßten und meiner
Ansicht nach über Gebühr gepriesenen Werke wie „Le devoir",
„La religion naturelle", „La liberté de conscience", „La
liberté politique", „La liberté civile" und „L'ouvrière",
um bezüglich derselben au fait zu sein, falls die Unterhaltung
auf sie fallen sollte.

Er empfing mich in seinem reich und geschmackvoll aus-
gestatteten Arbeitszimmer, an dessen Wänden sich mit prächtig
eingebundenen Büchern gefüllte Regale aus Palisanderholz
hinzogen. Von stattlicher Figur und vollem, regelmäßigem
Gesicht, mit sorgfältig gepflegten Händen und in eleganter Toilette,
machte er den Eindruck eines Mannes der besten Gesellschaft;
unangenehm hingegen berührte ein air de suffisance, das seine
ganze Person ausströmte. In einstudierter Pose an den Kamin
von schwarzem Marmor gelehnt, auf welchem, wenn mein Gedächtniß mich nicht trügt, seine eigene Broncebüste stand, streckte
er mir mit vornehmer Grandezza die Hand zum Willkommen
entgegen, ohne jedoch einen Schritt auf mich zuzutreten, ja ohne
auch nur seine Stellung zu ändern. Dabei huschte über seine
Züge ein schwaches Begrüßungslächeln, um schnell wieder unter
dem Ausdruck eines festgefrorenen Dünkels zu verschwinden. Aus
allen Poren gleichsam entquoll ihm eine maßlose Eitelkeit.

Den von seiner geistigen Ueberlegenheit überzeugten Pro=
fessor vermochte er nicht zu verleugnen. Unwillkürlich schweiften
bei seinem Anblick meine Erinnerungen zu meinem früheren
Direktor von Schulpforta, Dr. Kirchner, zurück, welchen ich im
ersten Theile meines Werkes, in dem von Jahn handelnden Ab=
schnitt, als „großmogulhaften, im Gefühle seiner Würde gleich
einem Truthahn aufgeblasenen Mann" charakterisirt habe.

Simon sprach langsam und gemessen. Er liebte es, viele
Worte zu unterstreichen, um auf deren besondere Wichtigkeit auf=
merksam zu machen. Das that er nicht nur in der Kammer,
sondern auch in seinem Zimmer. Seine Beredtsamkeit hat man
mit Recht als eine „ölige" bezeichnet. Es lag etwas Salbungs=
volles in seinem Ton. In einen schwarzen Predigertalar gesteckt
und ein Paar weiße Bösschen um den feisten Hals gebunden,
hätte er würdig seinen Platz auf der Kanzel einer protestantischen
Hofkirche ausgefüllt. Ich bin fast sicher, daß er alle seine Reden
sorgfältig ausarbeitete und auswendig lernte, bevor er sie zum
Besten gab. Sie waren in der Regel sehr stilvoll, sehr correkt,
oft mit Gelehrsamkeit vollgepfropft; mich aber ließen sie immer
kühl. Von plötzlich aufbrausender, aus dem Innersten der Seele
lavaartig hervorbrechender Leidenschaft nie eine Spur! Auch
seine Bücher, die ja manche gute Gedanken enthalten und auf
sorgfältige, namentlich philosophische Studien schließen lassen,
mißfallen mir, weil die Moral in ihnen zu aufdringlich gepredigt
wird, und die in ihnen zu Tage tretende Freisinnigkeit doch gar
zu enge Grenzen hat. Alles darin ist geleckt, pedantisch, doktrinär.

Ich leugne jedoch nicht, daß Jules Simon eifrig und
bisweilen erfolgreich für die Verbesserung der Lage der Arbeite=
rinnen eingetreten ist, und daß er durch seine Agitation Vieles
zur Förderung des damals in Frankreich sehr im Argen liegenden
Volksunterrichts beigetragen hat. Schon in der Nationalver=
sammlung von 1848 waren die auf letzteren bezüglichen Fragen
seine Specialdomäne, in der Regierung der nationalen Ver=

theidigung 1870 reservirte er sich das Portefeuille des Unterrichts=
ministeriums, und unter Thiers bekleidete er bis kurz vor
dessen Sturz abermals denselben Posten. Er fand es aber auch
mit seinen liberalen Grundsätzen vereinbar, unter Mac Mahon
eine Zeit lang den Vorsitz im Ministerium zu übernehmen. Er
hatte dieselben einfach so lange in die Tasche gesteckt, ganz wie er
früher, bevor er sich in eine Arbeiterversammlung begab, durch
seinen Diener die rothe Schleife der Ehrenlegion aus seinem
Knopfloch entfernen zu lassen pflegte.

Wie stark er sich übrigens aus Doktrinarismus mit seinen
Ansichten verrannte, bewies 1880 sein Auftreten im Senat, wo
er auch den geistlichen Congregationen das Recht, Universitäten
zu haben, belassen wollte, obwohl er wußte oder doch wissen
mußte, daß diese die ihnen gewährte Freiheit ausschließlich dazu
verwenden, um den Geist der heranwachsenden Generation in
später schwer zu brechende Ketten zu legen, und obwohl in der
Sitzung vom 28. Februar jenes Jahres der ultraclericale Lucien
Brun in einer vom Geiste Escobars inspirirten Rede keinen
Anstand nahm, zu erklären, „der Unterricht gehöre der Kirche;
dem Staate nur so weit, als dieser ein Delegirter der Kirche
sei." So also befürwortete Simon, Schulter an Schulter mit
Broglie, Buffet, Brun und Chesnelong stehend, im Namen
der Freiheit die Unterwerfung der Schule unter den Syllabus.
Im Grunde ist er ein principienloser Mensch, seine Natur eine
zu biegsame und schmiegsame, um eine feste zu sein.

Unser Gespräch bewegte sich mehr auf wissenschaftlichem und
litterarischem als auf politischem Felde. Zum Schluß bot er
mir ein Empfehlungsschreiben für die Buchhandlung von Hachette
an, von dem ich jedoch keinen Gebrauch machte, und lud mich
zum Wiederkommen ein, was ich gleichfalls unterließ. Mit dem
einen Besuche hatte ich genug.

Den geistreichen, witzigen, jovialen, besonders in Finanz=
fragen bewanderten Deputirten Picard sah ich nur ab und zu

in der Kammer. Eine hübsche Anekdote ist mir im Gedächtniß
geblieben, die mir dieser Hauptbekämpfer der Haußmann'schen
Wirthschaft in Paris erzählte:

Madame Haußmann, deren geistige Fähigkeiten auf einem
sehr niedrigen Niveau gestanden haben müssen, befand sich eines
Tages in einer Gesellschaft. Die Rede fiel auf den neube-
schlossenen Durchbruch einer Straße.

„Ach mein armer Mann", klagte sie in ihrer Harmlosigkeit,
„kaum hat er sich irgendwo ein paar Häuser gekauft, so erfolgt
die Ordre, sie niederzureißen. Da wird er jetzt wieder viel Geld
verlieren!"

Bei Adolphe Thiers führte Favre mich ein. Nachdem
dieser mehrere Male, bewaffnet mit den neuesten Nachrichten,
den interessantesten Mittheilungen, den sensationellsten Enthüllungen
aus und über Mexiko im gesetzgebenden Körper erschienen war,
um, darauf fußend, wuchtige Anklagen gegen die Ministerbank zu
schleudern, fragte ihn eines Tages Thiers, auf welchem Wege
er zu jenen Daten gelangt sei. In seiner Antwort bezeichnete
Favre mich als seinen Gewährsmann. Die Folge hiervon war,
daß Thiers mich bitten ließ, ihn zu besuchen, damit ich auch
ihm Aufschluß über die Zustände meines Adoptivvaterlandes und
dessen leitende Persönlichkeiten gäbe, zu dem Zweck, sie gegen die
Regierung zu verwenden.

Obgleich Thiers, bevor er am 31. Mai 1863 zum Deputirten gewählt wurde, vor seinen Pariser Wählern die Erklärung abgegeben, es sei nicht seine Absicht, das Kaiserreich zu
bekämpfen, vielmehr wolle er nur dazu beitragen, die schon einmal abgeänderte Verfassung zu verbessern, und hierdurch selbst
viele Imperialisten seiner Candidatur günstig gestimmt hatte, so
trat doch der Minister des Innern, Persigny, wie ich an
einem anderen Orte kurz angedeutet habe, mittelst eines an die
Seine = Präfektur gerichteten und an die Mauern der Hauptstadt
angeschlagenen Briefes energisch gegen dieselbe auf.

„Wenn Herr Thiers", hieß es darin, „der Größe des neuen Kaiserreichs seine Huldigung dargebracht und sich der all= gemeinen Abstimmung als Freund unserer Institutionen vorgestellt hätte, so würde die Regierung mit Sympathie seinen Wiederein= tritt in das öffentliche Leben begrüßt haben; von dem Augen= blick aber, daß er sich dazu hergegeben, einer allein aus erklärten Gegnern des Kaiserreichs zusammengesetzten Versammlung der alten Parteien beizuwohnen, um sich zu deren Vorkämpfer aufzu= werfen, hat er selbst die Aufnahme unmöglich gemacht, welche die Regierung bereit gewesen wäre, dem berühmten Geschichts= schreiber des Consulats und des Kaiserreichs angedeihen zu lassen."

Dieses Schriftstück brachte eine den Wünschen des Ministers entgegengesetzte Wirkung hervor. Die Candidatur Thiers ge= wann Anhänger auch in den demokratischen Kreisen und trium= phirte im zweiten Wahlbezirk von Paris mit großer Majorität. Es blieb nun dem Gewählten, der schon bereit gewesen war, mit dem Staatsstreichler zu pactiren, nichts Anderes übrig, als sich der Opposition anzuschließen. Dadurch wurde er jedoch nicht etwa ein Liberaler. Das ist er sein ganzes Leben hindurch nie= mals gewesen. Er war immer nur ein Vertreter der specifischen Bourgeoisinteressen, des banausischen juste-milieu, das aber Alles eher denn juste ist; immer nur ein Anhänger der consti= tutionellen Monarchie, dieser unvernünftigsten und widerspruch= vollsten Regierungsform, die es überhaupt giebt, dieses jämmer= lichen Zwittergeschöpfs von Volkswillen und Vorrechten der Krone, dieses nutzlosen, zeitraubenden Schaukelspiels der parla= mentarischen Parteien, Regierung auf der einen, Opposition auf der andern Seite, beide bemüht, sich gegenseitig das Leben schwer zu machen. Nur unklare politische Denker, nur Ver= kenner der Unmöglichkeit, principielle Gegensätze zu versöhnen, nur ehrgeizige Minister und Minister=Aspiranten, nur Monarchen, welche zur Kategorie der „rois fainéants" gehören, können Ge=

fallen finden an dem System. In konstitutionell regierten Ländern
ist entweder die Stellung des Monarchen oder die der Volksvertreter eine unwürdige, je nachdem jener sich dazu hergiebt, die
Rolle einer bloßen Repräsentationspuppe zu spielen, oder diese
sich damit begnügen, im Parlament wirkungslose Reden zu halten
und sich von der Regierung an die Wand drücken zu lassen, „daß
sie quietschen." In diesem Punkte stimme ich völlig mit Auguste
Comte überein, der in seiner geistreichen Parallele zwischen der
zweiten der drei von ihm angenommenen Stufen in der geschichtlichen Organisation von Staat und Gesellschaft, der meta-
physischen, und der constitutionellen Monarchie letztere als Schein-
vereinigung von unvereinbaren Principien, Thatsachen und Mächten, die nur kurzen Bestand haben könne, verurtheilt.

Auch später, als in Frankreich die Republik wieder proklamirt und Thiers deren erster Präsident wurde, war er nicht
einmal ein aufrichtiger Republikaner du lendemain; in seinem
Herzen fuhr er, der 1839 das Schlagwort in die Massen geworfen hatte: „Le roi règne, mais ne gouverne pas", dem
die Phrase: „der Herzog von Orleans ist die beste Republik"
aus der Seele gesprochen war, er, der frühere, vielfache Minister
der Julimonarchie, fort, für das constititutionelle Regime zu
schwärmen. Für den vierten Stand besaß er weder Herz noch
Verständniß. Er könnte die in Scheffels „Trompeter von Sä-
ckingen" vorkommenden Worte gesprochen haben:

> „Denn der Große frißt den Kleinen,
> Und der Größte frißt den Großen.
> Also löst in der Natur sich
> Einfach die sociale Frage."

So suchte er sie auch in der Gesellschaft zu lösen. Bei der
Niederwerfung der Commune, wo auf seinen Befehl meistentheils
Willkür und empörende Grausamkeit an die Stelle der strafen-
den Gerechtigkeit traten, hat er es bewiesen.

Anerkennung verdient seine Vielseitigkeit, seine concentrirte

Pflege verschiedenartiger Wissenschaften, wenngleich sie nicht immer mit Gründlichkeit Hand in Hand ging.

In unserer Zeit, wo im Vergleich zu der Kürze des Menschen= lebens die ars immer mehr longa wird, so daß man schon zu= frieden sein muß, auch nur einen kleinen Abschnitt derselben einigermaßen durchforscht zu haben, wo die Theilung der Ar= beit auch auf geistigem Gebiete zu einer Zersplitterung in un= zählige Fachstudien führt, verschwindet allmälig die Species der Universalgenies, der Polyhistors. Ein Crichton, mit dem Bei= namen „der Bewunderungswürdige", wäre heutzutage nicht nur ein Anachronismus, er wäre eine Unmöglichkeit. Demungeachtet giebt es einige wenige, in dieser Hinsicht bevorzugte Menschen, welche die nicht leichte Kunst verstehen, sich in mannigfachen Fächern heimisch zu machen. Gleich der emsigen Biene saugen sie Honig aus Blumen aller Art und eignen sich einen Schatz an, welcher jeden, der nur vorübergehend mit ihnen verkehrt, in Staunen setzen muß.

Zu dieser Klasse von Menschen gehörte Adolphe Thiers. Er war im Stande, de omni re scibili stundenlang mit un= erschöpflicher Suade, mit nie ermattender Verve zu sprechen. Wohl mußte man bisweilen zu seinen Auseinandersetzungen, ob= gleich sie in der Regel von echt gallischem bon sens eingegeben waren, bedenklich den Kopf schütteln; es gelang ihm jedoch fast immer, seine Zuhörer, wenn auch nicht zu überzeugen, so doch zu überreden oder wenigstens zu captiviren. Am Meisten war dies der Fall in der Kammer, wo sogar enragirte Imperialisten oft mühsam die Neigung zurückdrängten, seinen Reden, in welchen er gern die nationale Fiber vibriren machte, Beifall zu spenden.

Thiers besaß eine seltene Schnelligkeit der Auffassung, nebenbei auch das Talent, sich die Früchte fremder Arbeiten, Unter= suchungen und Forschungen zu eigen zu machen und bis zu dem Grade zu assimiliren, daß man geneigt war, sie für Schöpfungen

seines eigenen Geistes zu halten. Daß sie es seien, daran zweifelte
er selbst keinen Augenblick.

Diese einem Staatsmann unentbehrliche Vielseitigkeit, welcher
übrigens eine ziemliche Dosis von Selbstgefälligkeit beigemischt
war, verdankte er hauptsächlich dem Umstande, daß er seine ersten
Sporen sich im Dienste des Journalismus verdient hatte. Als
Mitarbeiter des „Constitutionnel" und Mitbegründer des „Natio=
nal" war er gezwungen gewesen, sich in vielen Sätteln zurecht
zu setzen. So vermochte er denn mit Leichtigkeit sich über alle
möglichen Themata, häufig ohne lange Vorbereitung, in stets wohl=
gefügter Rede, nur vielleicht etwas zu breit, zu ergehen und
dabei fast immer den Nagel auf den Kopf zu treffen. Ebenso
war er im Stande, mit gleichem Geschick bald das Ministerium
des Innern, bald das des Handels, bald das der öffentlichen
Bauten, bald das der auswärtigen Angelegenheiten zu leiten.
Finanzwesen, Nationalökonomie, Geschichte, nicht zu vergessen
Strategie, auf deren Kenntniß er als Historiograph Napoléons I.
sich besonders viel zu gut that, sowie Philosophie waren ihm
vertraute Gegenstände. Nicht leicht war es ihm nachzuweisen,
welchen Quellen er sein Wissen entnommen hatte, denn selbst wo
er Informationen über diesen oder jenen ihm zufällig weniger
bekannten Punkt heischte, sah sich der Befragte häufig genöthigt,
dieselben von ihm entgegenzunehmen, anstatt sie ihm zu geben.

So erging es mir mit ihm.

Pünktlich zur vorher festgesetzten Stunde, Vormittags 10 Uhr,
langte ich, von Jules Favre begleitet, in der Wohnung Thiers,
auf dem Platz Saint George an. Ich sehe ihn noch vor mir,
den kleinen, rundlichen alten Herrn, wie er in braunem, bis
oben hinauf zugeknöpften Rock, trotz des weißen Haares, welches
seinen Kopf bedeckte, voll jugendlicher Elasticität in seinen Be=
wegungen, uns einige Schritte entgegenkam und mich mit
seinen klugen Eidechsenäuglein musterte, als wollte er mein
tiefstes Innere durchdringen. Nachdem Favre mich ihm

mit wenigen Worten vorgestellt, reichte mir Thiers freundlich
die Hand zum Gruß und begann dann sofort mit seiner etwas
hohen, aber merkwürdig klaren und durchdringenden Stimme,
die in parlamentarischen Verhandlungen die lautesten Zwischen=
rufe übertönte, die Unterhaltung.

Zu Voraussicht der Fragen, welche er an mich richten
könnte, hatte ich mich genügend vorbereitet, um ihm in möglichst
knapper Form möglichst viel Wissenswerthes über die damalige
Situation Mexiko's zu berichten. Wie sehr erstaunte ich aber,
als nach einigen allgemeinen Redensarten er die Beantwortung
übernahm!

Wohl zwei Stunden lang sprach er mit nur kurzen Unter=
brechungen über den Gegenstand, über welchen er von mir Auf=
klärung hatte erbitten wollen. Er kannte Alles, er wußte das
Meiste, wenn auch nicht immer genau, und ohne auf Details
einzugehen, entrollte er ein Bild der mexikanischen Zustände, wie
sie sich 1864 in Folge der französischen Intervention und der
Thronbesteigung des Erzherzogs Max entwickelt hatten, das
der Wirklichkeit ziemlich nahe kam, seine Rede mit witzigen
Aperçus, geistreichen Aphorismen, kühnen, doch den Stempel der
Wahrscheinlichkeit tragenden Prophezeiungen würzend. Voller
Verwunderung, ja ich kann füglich sagen, Bewunderung, lauschte
ich seinen Worten, die wie mit einem klingenden Netz mich um=
spannten und meinen Geist gefangen nahmen.

Zwar versuchte ich ab und zu seine Behauptungen, wenn
sie der Wahrheit nicht ganz entsprachen, richtig zu stellen, gegen
die politischen Folgerungen, die er aus ihnen ableitete, Einwand
zu erheben, aber ich kam nicht dazu. Unaufhaltsam rauschte
der Strom seiner Rede fort, und dann that es mir auch leid,
ihn zu unterbrechen; er sprach gar so schön. Ich konnte nicht
müde werden, ihm zuzuhören. Ueberdies empfand ich einen ge=
wissen Stolz, daß ein so großer Redner wie Thiers für die
Bethätigung seiner eminenten rhetorischen Gabe sich als einzigen

Zuhörer mit mir begnügte — auf Favre schien er kaum
Rücksicht zu nehmen, denn er richtete seine Worte und Augen
ausschließlich an und auf mich. Mir war zu Muthe, als wenn
ein berühmter Virtuose mir allein und zu meinem ausschließlichen
Genuß seine herrlichsten Phantasien vorspielte. Oder glich vielleicht
Thiers jenen koketten Frauen, die glücklich sind, faute de mieux,
die entzückten Blicke eines einfachen Arbeiters auf sich zu
lenken und nur vor ihm und für ihn pfauengleich ihr Rad zu
schlagen?

Nachdem er geendigt, erhob er sich vom Sessel und —
dankte mir auf das Verbindlichste für die Belehrung, welche ich
ihm habe zu Theil werden lassen. Jules Favre lächelte.
Auch mir wurde es schwer, ernst zu bleiben, hatte ich doch
während des zweistündigen Besuches keine hundert Worte ge=
sprochen. Das Eigenthümlichste aber war, daß Thiers der Dank
von Herzen zu kommen schien. Vielleicht hatte er durch
seinen improvisirten Speech sich selbst eine größere Klarheit über
die in mancher Beziehung verwickelte und schwierige „mexikanische
Frage" verschafft, wie ich nicht selten an mir eine ähnliche Er=
fahrung gemacht habe. Er vergaß nur, daß ich zu dieser größeren
Klarheit wenig oder nichts beigetragen hatte, sondern nur die
zufällige Veranlassung gewesen war, daß er sie gewonnen.

Im Gegensatz zu dem großen Schweiger Moltke sollte
die Geschichte Thiers den Beinamen des großen Sprechers
verleihen.

Die schönste Eigenschaft, die ihn auszeichnete, war seine
Vaterlandsliebe. Daß die französische Nation die erste der Welt,
war für ihn ein Glaubenssatz. Auch durch die Niederlagen, die
Deutschlands Armee ihr beigebracht hatte, wurde Thiers in dieser
Ueberzeugung nicht wankend gemacht. Er tröstete sich mit dem
post nubila Phoebus und trug bis zu seinem Tode nach
Kräften dazu bei, die Wiedergeburt seines Landes vorzubereiten,
ebenso wie er gegen Ende des Feldzuges, ohne sich einer per=

sönlichen Gefahr auszusetzen, der er überhaupt thunlichst aus dem
Wege ging, sich, freilich vergeblich, bemüht hatte, einen für Frank=
reich vortheilhaften Waffenstillstand zu erwirken. Den Cosmopo=
litismus begriff er nicht. Frankreich kam es zu, an der Spitze
der Civilisation zu marschieren. Die anderen Völker hatten ihm
zu folgen. Er unterschätzte deshalb ihre Vorzüge.

      Durchaus ungeeignet war er, den Uebergang seines Landes
in dessen neueste Entwicklungsphase zu vermitteln; er diente viel=
mehr als Hemmschuh. Nachdem er seine Arbeit gethan, die
Milliarden = Anleihe abgeschlossen und die Räumung des fran=
zösischen Gebiets bewerkstelligt hatte, konnte und mußte er
gehen.

      In der Rede, welche im September 1880 Jules Simon
bei der Enthüllung der Thiers in Saint=Germain=en=Laye,
seinem Todesorte, gesetzten Bildsäule hielt, pries er als großes
Wort das von jenem Staatsmanne gesprochene und vielfach an=
geführte: „Die Republik wird konservativ sein, oder sie wird
nicht sein." Gerade dieses Wort zeigt aber, daß Thiers die
heraufkommende neue Zeit nicht mehr begriff. In Frankreich
wie überall kann die Republik nur dann auf Fortbestand rechnen,
wenn sie stets die Fahne des Fortschritts hoch hält, nie um eine
Idee, nie um eine Reform zurückbleibt. Sie darf nicht altern,
sie darf nicht ruhen, sie darf also nicht conservativ sein. Un=
aufhörlich muß man ihr zurufen, wenn sie sich zu ausschließlich
dem Cultus der Vergangenheit hingeben will:

        „Immer noch zehrst du vom Ruhme, den einst deine Väter erworben?
      O, daß dein Lorbeerenbett wandle in Dornen sich dir!"

      Mit Thiers ist ein für die erste Hälfte des neunzehnten
Jahrhunderts brauchbarer Mann ins Grab gestiegen; für dessen
letzte Hälfte paßte er nicht mehr. — — —
      Es war eine bedrängte Zeit, die ich von 1864 bis 1865
durchzumachen hatte, zugleich jedoch eine ungemein interessante,

weil ich während derselben Gelegenheit hatte, mit hervorragenden Persönlichkeiten Umgang zu pflegen und manchen von ihnen freundschaftlich nahe zu treten. Von dem damals in Paris verbrachten Jahre darf ich nicht sagen, daß es für mich ein verlorenes gewesen sei.

Karl Heinzen.

Endlich, im Sommer des Jahres 1865, war ich im Stande, Paris zu verlassen, um meinen Rückmarsch nach Mexiko anzutreten. Meine Mittel reichten jedoch nur so weit, die erste Etappe zurückzulegen, d. h. bis nach New=York zu gelangen.

Unvorsichtigerweise hatte ich mich durch einen Agenten be= reden lassen, auf einem der von Liverpool abgehenden englischen Dampfer Passage zu nehmen. Während der ganzen Ueberfahrt sollte ich es zu bereuen haben. Jedem Reisenden, der sich nach den Vereinigten Staaten oder nach Westindien und Mexiko be= giebt, rathe ich entschieden, den Schiffen der Hamburger Linie, den von Bremen abfahrenden des Lloyd oder den französischen der Compagnie transatlantique mit den Häfen Havre und Saint Nazaire als Ausgangspunkt, welche ich sämmtlich aus eigener Erfahrung kenne, den Vorzug zu geben. Alles auf ihnen ist besser und comfortabler, die Mannschaft vom Kapitain herab bis zum letzten Schiffsjungen gebildeter, höflicher und entgegen= kommender.

Ich muß allerdings eingestehen, daß ich im Allgemeinen kein Freund der angelsächsischen Race bin, ohne indeß ihre viel= fachen Vorzüge, namentlich ihre in der go ahead=Theorie wur= zelnde unermüdliche Thatkraft zu verkennen. Es heißt wohl, man brauche selbst den vornehmen Russen nur zu kratzen, damit der Tatare zum Vorschein komme. Bei vielen Engländern und

Yankees genügt es, sie mit irgend welchen Spirituosen innerlich
anzufeuchten, eine Operation, die sie mit besonderer Vorliebe an
sich selbst vornehmen, und sofort wirst Du sie sich in ihrer
ganzen angeborenen Brutalität entpuppen sehen. Häufig ist
dazu nicht einmal eine solche Anfeuchtung nöthig. Ihr Mangel
an Idealismus, ihr geringes künstlerisches Verständniß, ihre Un=
fähigkeit, zu singen oder auch nur sich wahrhaft für Musik zu
begeistern — der von ihnen zur Schau getragene Enthusiasmus
für berühmte Sänger, Sängerinnen und Virtuosen ist nichts als
Modesache und gehört zum rein äußerlich guten Ton — machen
sie mir antipathisch, nicht zu sprechen von ihrem steifen Wesen,
ihren, namentlich was Religion anbetrifft, conservativen Ideen,
ihrer maßlosen Selbstsucht und der verletzenden Ueberhebung
über alle anderen Nationen, die sich charakteristisch auch darin
kundgiebt, daß sie ihr liebes Ich stets mit großem Buchstaben
schreiben, es gern an die Spitze des Satzes stellen und unnöthig
oft wiederholen, so daß aus ihrer Rede unaufhörlich das breite
Ai (J) hervorklingt. Ein betrunkener Russe, auch wenn er den
niederen Ständen angehört, zeigt sich gemeiniglich gutmüthig, er
geht sogar so weit, Dich zu umarmen und zu küssen, was frei=
lich ebenfalls lästig fällt; ein betrunkener Goddammer hingegen,
sei er selbst von der besten Gesellschaft, wird leicht ausfallend,
schlägt gern Alles um sich her in Stücke und ist jeden Augen=
blick bereit, sich die Rockärmel aufzuschlagen und Dir in Boxer=
stellung herausfordernd gegenüberzutreten. Angenehmer sind mir
die Engländerinnen und Amerikanerinnen, schon ihrer dem Ohre
wohlthuenderen Aussprache des Englischen und ihrer feineren
Manieren wegen; außerdem sind die letzteren im Allgemeinen ent=
schieden gebildeter als die Männer, weil diese von Jugend an
Geld machen müssen. Am Unerträglichsten zeigen die Angelsachsen
sich auf Reisen; liebenswürdiger sind sie im eigenen Lande.

Die wenigen Lieder in englischer Sprache, einige irische und
schottische ausgenommen, sind melodienlos, von hornpipe=artigem,

klapperndem Rythmus, während die Gesänge des russischen Volks mit ihren weichen, melancholischen Tönen sich Dir in's Herz hineinstehlen. Welch' ein Unterschied z. B. zwischen dem „rule Britannia, rule the waves. Britains never shall be slaves", oder gar dem niggerhaften Yankee-doodle und der ergreifenden russischen Nationalhymne und dem „rothen Sarafan"! Ebensowenig halten jene einen Vergleich aus mit den reizenden, pikanten mexikanischen Melodien, gar nicht zu reden von den herzigen deutschen Volks= liedern.

Wenn die Verse:

„Wo man singt, da laß Dich ruhig nieder,
Böse Menschen haben keine Lieder" —

Wahrheit enthalten, so ist es nicht gerathen, unter Engländern und Yankees Platz zu nehmen. Dennoch mußte ich es an Bord zwei Wochen lang in ihrer um so ungemüthlicheren Gesellschaft aushalten, als wegen der Schwierigkeit, einander auszuweichen, es kaum möglich war, sich ihr zu entziehen.

Nun, Alles nimmt ein Ende; auch die Fahrt über den atlantischen Ocean ging vorüber. Ich aber war froh, als wir bei Sandy Hook vorbei zwischen den Forts Hamilton und Richmond in den prachtvollen Hafen der Empire City hineindampften, wo ich sicher war, Freunde und Landsleute anzutreffen.

Damals befand sich nämlich in New=York eine große Menge von Mexikanern. Aus dem einen oder dem anderen Grunde unfähig, persönlich die Waffen gegen die auf dem Vater= lande lastende Fremdherrschaft zu ergreifen, und doch nicht ge= willt, sie über sich ergehen zu lassen, hatten sie, in der sichern Erwartung eines baldigen Umschwungs der Dinge, eine zeit= weilige freiwillige Verbannung vorgezogen. Sie bildeten in jener Stadt eine förmliche mexikanische Colonie, gerade wie später und bis auf den heutigen Tag die aus ihrer Heimaths= insel ausgewanderten Cubaner New=York zu ihrem Hauptquartier ausersehen haben, um von dort aus für die von ihnen ange=

strebte Unabhängigkeit der „Perle der Antillen" zu wirken oder wenigstens sich vor dem unerträglichen Drucke des spanischen Colonialjochs zu retten. Auch die Familie unseres Präsidenten lebte seit Mitte 1863 daselbst in bescheidener Zurückgezogenheit, und ich hatte häufig Gelegenheit, dessen ebenso schöne wie liebens= würdige Gemahlin, Doña Margarita de Maza, in ihrem Hause zu besuchen.

Die Union war der einzige Staat, der nach wie vor die Republik Mexiko und deren legitimen Präsidenten Benito Juarez anerkannte. In Washington residirte ein mexikanischer Gesandter, der begabte und geschickte Matias Romero, gleich Juarez aus dem Staate Oaxaca gebürtig und früher Privatsekretär des Ersteren, der nämliche, welcher, nachdem er mehrere Male das Portefeuille der Finanzen inne gehabt, auch heute wieder als Vertreter der Republik bei der Regierung des „weißen Hauses" beglaubigt ist. In New=York selbst hatten wir einen General= consul, Juan N. Navarro, ebenfalls aus Oaxaca, der ur= sprünglich Militärarzt, sich in seinem Berufe während der Be= lagerung von Puebla durch Forey rühmlichst ausgezeichnet und wegen seiner professionellen Tüchtigkeit sogar beim Feinde die verdiente Würdigung gefunden hatte. Auch Navarro bekleidet immer noch den nämlichen Posten. An diesen beiden patrio= tischen Männern fanden wir Flüchtlinge einen, allerdings nur moralischen Halt, einen materiellen vermochten sie uns zunächst nicht zu gewähren, denn sie selbst sahen sich häufig, wie man in Mexiko sagt, der cuarta pregunta gegenüber, wörtlich der vierten Frage, d. h. in übertragenem Sinne, der Geldfrage, der Frage, wie sie sich die erforderlichen Summen zu verschaffen ver= möchten, um die mit ihrer amtlichen Stellung verbundenen Aus= gaben zu bestreiten. Aus Chihuahua und Paso del Norte konnte die sich stets in finanzieller Bedrängniß befindende Regierung ihnen nur sporadisch ihre Gehälter zugehen lassen.

Die in New=York weilenden Mexikaner, durchgehends An=

hänger der liberalen Partei, also Republikaner, hatten sich zu
einem Club organisirt, dessen Hauptaufgabe darin bestand, zu
Gunsten der vaterländischen Sache auch aus der Ferne nach
Kräften zu arbeiten. Von diesem Club wurden wir aus Frank=
reich zurückgekehrte, unserer Fahne treu gebliebene, ehemalige
Kriegsgefangene auf das Ehrenvollste empfangen und begrüßt.
Außerdem händigte Jedem von uns der Sekretär des Clubs im
Namen desselben ein unsere Dienste anerkennendes Dokument ein,
das sich heute noch unter meinen Papieren befindet.

In deutscher Uebersetzung lautet es, wie folgt:

„Der mexikanische Club in New=York hat beschlossen, ein
Dankvotum zu ertheilen den tapferen und loyalen Officieren des
wohlverdienten Ostheeres, welche, nachdem sie mit den Waffen
in der Hand in der Stadt Zaragoza" (Puebla) „die Unab=
hängigkeit ihres Vaterlandes vertheidigt, die nöthige Festigkeit
besaßen, dem unwürdigen moralischen Zwange des Kaisers der
Franzosen zu widerstehen und lieber die Verbannung und das
Elend mit allen seinen Schrecken erduldeten, als daß sie das Joch
anerkannten, welches die fremden Bajonette Mexiko aufzuerlegen
trachten.

„Indem wir diese Pflicht der Dankbarkeit und der Vater=
landsliebe erfüllen, haben wir die Ehre, Sie unserer Hochachtung
und ganz besonderen Werthschätzung zu versichern.

„Unabhängigkeit und Freiheit. New=York im Sommer
1865.

Benito Quijano, Präsident.

Cipriano Robert, Sekretär.

An den Obersten, Bürger Carlos von Gagern."

Verhältnißmäßig klein ist die Anzahl derjenigen Officiere,
welchen ein solches Schriftstück zugestellt wurde. Ich bin stolz,
zu ihnen zu gehören. Auch darf man mir keinen Vorwurf dar=
aus machen, daß ich dieser mir gewordenen Auszeichnung Er=
wähnung thue. Wer seine eigenen Fehler und Irrthümer offen

eingesteht, hat zweifellos das Recht, auch von den Anerkennungen zu
sprechen, die ihm seitens seiner Mitbürger oder von anderen Per=
sonen im Laufe des Lebens zu Theil wurden. Ueberhaupt hasse
ich die von der „guten Sitte" geforderte heuchlerische Bescheiden=
heit, auch eine der „conventionellen Lügen der Culturmenschheit",
wie sie Max Nordau in seinem neuesten Werke mit kühner
Rücksichtslosigkeit an den Pranger gestellt hat. Sie entstammt
jener entsetzlichen Epoche, in welcher wenige Privilegirte über
eine ungeheure recht= und willenlose, in Demuth ersterbende
Menschenheerde unbeschränkt verfügten, jener Epoche, die in
Spanien die ganze Pflicht des Bürgers in der kurzen Vorschrift
zusammenfaßte: „al rey y á la inquisicion — chiton!" —
dem König und der Inquisition gegenüber sei still —, jener
Epoche schmachvoller Selbsterniedrigung, die, mag immerhin
der Dichter von „Männerstolz vor Königsthronen" singen, in
vielen Ländern der Erde bis in die heutige Zeit hinein dauert.
Wie herrlich, wie edel klingt dagegen die Rede der alten
Griechen: εὔχομαι εἶναι — ich schmeichle mir, der zu sein, der
ich bin!

Im April 1868 erschien in einer mexikanischen Zeitung,
„El Boletin republicano", unter der Ueberschrift: „Eine
ehrenvolle Seite" ein Leitartikel, in dem die Geschichte unserer
Kriegsgefangenschaft ausführlich erzählt, die uns von der fran=
zösischen Regierung vorgelegte Verpflichtungsformel abgedruckt, und
die namentliche Liste derjenigen Officiere, welche ihre Unterschrift
verweigert hatten, veröffentlicht wurde.

Jene Formel hatte in deutscher Uebersetzung folgenden
Wortlaut:

„Ich, Endesunterzeichneter, früherer Officier der mexikanischen
Armee, verpflichte mich auf meine Ehre, für den Fall, daß ich
durch die Gnade Seiner Majestät des Kaisers der Franzosen
meine Freiheit erlangen sollte, niemals, durch kein Mittel, welch'
immer es sei, die französische Intervention in Mexiko zu be=

kämpfen und mich von jedem politischen Versuch, die in jenem Lande aufgerichtete Regierung zu schädigen, fern zu halten."

In der erwähnten Liste figurirten 7 Generale, 15 Obersten, darunter ich, 12 Oberstlieutenants, 29 Majore, 21 Hauptleute, 19 Oberlieutenants, 3 Unterlieutenants und 4 Militärbeamte — 110 im Ganzen von über 500 gefangenen Officieren!

Nach der Ancienneität hatte General Epitacio Huerta die Vertretung der Treugebliebenen übernommen. In dieser Eigenschaft wandte er sich officiell schon von Frankreich aus an Matias Romero und erbat für uns, nachdem er die Sachlage auseinandergesetzt, die Anweisung von Geldmitteln. Er er= zielte jedoch — faute de quoi — nicht den geringsten Erfolg. Diejenigen von uns, welche sich nach Spanien begeben und im Hafenplatz San Sebastian vorübergehend ihren Wohnsitz aufge= schlagen, hatten noch härtere Zeiten durchzumachen als ich per= sönlich. Erst nach Ueberwindung großer Schwierigkeiten konnten sie die Ueberfahrt nach New=York bewerkstelligen. Es war somit nur ein Akt der Gerechtigkeit, daß unsere Landsleute uns dort in so ehrenvoller Weise empfingen.

Eines der würdigsten, thätigsten und hervorragendsten Mit= glieder des „mexikanischen Clubs in New=York" war mein alter Freund Francisco Zarco. Da er den größten Theil seines Lebens am Schreibtisch zugebracht hatte, sowohl als Chefredakteur der ältesten Zeitung von Mexiko „Das neunzehnte Jahrhundert", wie als Verfasser mehrerer politischer Werke, unter anderen der 1857 erschienenen, zwei Bände starken, eingehenden „Geschichte des constituirenden Congresses von 1856 und 1857", aus dem unsere heutige liberale Verfassung hervorgegangen ist, und in welchem Zarco seinen Geburtsstaat Durango vertrat, vorüber= gehend auch als Minister des Aeußern, so war damals schon seine Gesundheit sehr geschwächt. Ich war glücklich, ihn wiederzusehen. Ebenso freundschaftlich, wie ich ihm entgegenkam, begrüßte er mich, und wir verkehrten viel miteinander. Einen Theil unserer unfreiwilligen Muße verwendeten wir, indem ich ihm Unterricht in meiner Muttersprache ertheilte. Nach Mexiko heimgekehrt, übernahm er von Neuem die Leitung des „Siglo XIX.", auch ich schrieb abermals Leitartikel für sein Blatt. Im Herbst des Jahres 1869 vertheidigte er als Abgeordneter in einer zweistündigen meisterhaften Rede vor dem Congreß die Giltigkeit meines, von der Regierung des Präsidenten Juarez unter dem Vorwand, daß ich mich damals, wie ich schon berichtet habe, in militärischer Haft befand, angefochtenen Mandats als Vertreter des Distrikts Chicontepec im Staate Veracruz. Das war seine letzte oratorische, seine letzte politische Leistung überhaupt. Bald darauf schloß er für immer die Augen. Ich hatte nur die traurige Genugthuung, ihm kurz vor seinem Tode noch einmal herzlich die Hand zu drücken. Natürlich betheiligte ich mich als wahrhaft Leidtragender an dem prächtigen Begräbniß, das auf Staatskosten für ihn ausgerüstet war. Wie Zarco gelebt, so starb er, unverrückt bis zum letzten Moment festhaltend an seinen freisinnigen politischen Ansichten und ohne auch nur um einen Finger breit von seinen antireligiösen Grundsätzen abzuweichen. Hartnäckig weigerte er sich, den sogenannten „geistlichen Beistand" und die „Wegzehrung" zu empfangen. Kein Tonsurirter durfte seinem Sterbebette sich nahen. Auch auf dem Leichenzuge glänzte, auf des Verstorbenen ausdrücklichen Wunsch, der Clerus durch seine Abwesenheit.

Vielleicht ist es angezeigt, hier eine Bemerkung betreffs des soeben von mir gebrauchten Beiworts „antireligiös" einzuschalten.

Für neue Begriffe pflegen anfänglich congruente Worte zu fehlen. Man sieht sich gezwungen, aus dem Schatze der bereits bestehenden möglichst analoge dafür zu wählen, obwohl man sehr gut weiß, daß sie jenen zu keinem genauen Ausdruck zu verhelfen vermögen. Hierdurch werden aber nicht selten Mißverständnisse erzeugt. Schlimm genug schon, daß wir bisweilen, durch die sprachliche Gewohnheit beherrscht, Redensarten gebrauchen, welche mit unseren Ansichten in direktem Widerspruch stehen. Hören wir doch nicht selten aus dem Munde eines bewußten Atheisten Ausrufe wie: „Gott sei Dank", „Ach Herr Jesus" oder dergleichen! Jedermann ist jedoch überzeugt, daß in diesem Falle es sich eben nur um Redensarten handelt. Gefährlicher ist die oben erwähnte gewaltsame Anpassungsmethode. Aus Mangel an völlig entsprechenden neuen Bezeichnungen fahren wir fort, alte, weniger entsprechende anzuwenden. Gegner des Dualismus im Makrokosmos wie im Mikrokosmos sprechen z. B. noch häufig von Leib und Geist, als ob beide nicht ein untheilbares Ganze bildeten. Etwas Aehnliches geschieht mit dem Worte „Religion".

So unrichtig auch die bekannte Etymologie des Lactancius sein mag, der Religion von religare, verbinden, herleitet, anstatt der richtigen, von Cicero gegebenen Ableitung zu folgen, nämlich von religere, etwas wiederholt überlegen und in Betracht ziehen, der allgemeine Sprachgebrauch hat nun einmal die erstere angenommen. Religion ist demnach die Beziehung zwischen der sinnlichen und der sogenannten übersinnlichen Welt, das Band, welches den Menschen an Gott, die Erde an den Himmel knüpft. In den christlichen Katechismen wird die Frage: „Was ist Religion?" beantwortet: „Religion ist die Art und Weise, Gott zu erkennen und zu verehren."

Nach und nach haben aber Viele sich daran gewöhnt, dem Worte Religion einen anderen, weiteren und darum falschen Begriff unterzulegen, nach Schiller's Vorbild, der in dem bekannten Distichon sagt:

„Fragst Du mich, welche Religion ich bekenne? Keine von allen,
Die Du mir nennst. — Und warum keine? Aus Religion."

In diesem Sinne nannten und nennen sich Gemeinden, welche jedem positiven Glauben den Rücken gewandt haben, irrthümlich „freireligiöse". Sie dürfen es nur, wenn man die etwas gezwungene Auslegung zulassen will: frei von jedweder

Religion. Ich halte es deshalb für passender, für jenen Begriff das Wort „antireligiös" zu gebrauchen, wie ich es mit Bezug auf Zarco gethan habe.

Noch einen andern, viel älteren Freund traf ich 1865 in New-York, Dr. Adolf Donai, einen der wenigen Menschen, mit dem ich mich Du nenne. Ich bin stets sehr sparsam mit dieser Freundschaftsbezeugung gewesen, besitze überhaupt sogenannte „Freunde" nur in geringer Anzahl, nach dem Spruche des Se= neca: „amici satis sunt pauci, satis est unus, satis est nullus" — wenige Freunde genügen, einer genügt, man kann selbst dieses entrathen. Leicht wird nämlich durch eine sich auf wenige oder eine Person erstreckende starke Zuneigung, die denn noth= wendig etwas Ausschließliches annimmt, die allgemeine Menschen= liebe beeinträchtigt.

Donai wirkte als Sprecher der freien Gemeinde in Alten= burg zur nämlichen Zeit, als ich in gleicher Eigenschaft in Zeitz wohnte. Damals schlossen wir unseren auf Uebereinstimmung der Gesinnung und Ansichten gegründeten Freundschaftsbund, der trotz wiederholter und vieljähriger Trennungen auch heute noch in Kraft besteht. Bei den Verfolgungen, denen wir seitens unserer Regierungen ausgesetzt waren, flüchtete ich nicht selten zeitweise nach Altenburg, oder Donai kam zu mir herüber, um in meinem Hause eine provisorische Zufluchtsstätte zu suchen. Zum Glück lag die Grenze nahe. Auch war man zu Anfang der fünfziger Jahre als politischer Verbrecher im „fremden" Lande wenigstens eine Zeit lang sicher vor der heiligen Her= mandad des eigenen, und jeder thüringische Kleinstaat galt ja als solch' ein „fremdes" Land. Die damalige Zersplitterung Deutschlands brachte uns Beiden also zum Mindesten diesen Vortheil.

Einige Monate früher als ich sah Donai sich zur Aus= wanderung nach der neuen Welt gezwungen; die Manteuffelei dehnte von Preußen aus ihren verderblichen Einfluß allmälig

auch auf die kleinen Nachbarländer aus. Er ging zunächst nach
Texas, begleitet von seiner Frau, einer geborenen von Beust,
nahen Verwandten des gleichnamigen Ministers. Nach manchen
schlimmen Erfahrungen wurde er Direktor der deutsch=ameri=
kanischen höheren Schule in Hoboken und, wie gesagt, Sprecher
der ebenfalls von ihm daselbst geschaffenen freien Gemeinde.
In dieser Doppelstellung befand er sich, als ich ihn 1865
wiedersah.

Man bemüht sich neuerdings in Deutschland, das Gefühl
der Zusammengehörigkeit bei denjenigen seiner Söhne wachzu=
rufen, welche durch materielle oder geistige Noth gezwungen wur=
den, sich in der Fremde ein neues Heim zu gründen. Leider
werden aber die Besten unter ihnen noch heute ignorirt, weil sie
über der Machtstellung, zu der ihr Geburtsland sich aufge=
schwungen, nicht vergessen können, daß ihm immer noch die er=
sehnte, seit 1813 mehrfach versprochene Freiheit fehlt. Zu ihnen
gehört Adolf Douai. Der Denkspruch, welcher das Haus
eines anderen bereits verstorbenen Deutsch=Amerikaners ziert: „cara
patria, carior libertas, veritas carissima" — ich liebe das
Vaterland, mehr liebe ich die Freiheit, am meisten liebe ich die
Wahrheit — er war und ist auch der seine. Solche Ansichten
haben jedoch in Neu=Deutschland noch keinen Curs.

Von Wenigen ist drüben so sehr im Sinne des wahren
Deutschthums gewirkt worden als von Douai. Unermüdlich
hat er an der Hebung des Schulwesens gearbeitet, religiös=frei=
sinnige Ideen verbreitet und die Einführung der Kindergärten
in Nordamerika angeregt. Ihm verdanken wir eines der besten,
nicht genug gewürdigten Bücher über die Union, welches 1864
erschien. Vorurtheilsfrei, durch die von den Amerikanern er=
rungenen materiellen Erfolge nicht verblendet, schildert er „Land
und Leute", und wenn er auch, nachdem er die mannigfachen
den Yankees anhaftenden Fehler klargelegt, ihren guten Eigen=
schaften Gerechtigkeit widerfahren läßt, in erster Linie beseelt ihn

der Wunsch, seinen deutschen Landsleuten zu nützen. Den damals schon als unzweifelhaft vorauszusehenden Sieg der Nordstaaten über die Südstaaten pries er hauptsächlich deshalb, weil er hoffte, daß, nach Zertrümmerung der Institution der Sklaverei, „die Erwerbung eines anbaufähigen Gebietes von der mehr als vierfachen Größe Deutschlands für freie Menschen und demokratische Selbstregierung", auch „den darbenden Millionen deutscher Arbeiter des Erz = und Riesengebirges, des Hunds= rück, Taunus, der Eifel und Vogesen, des Schwarz=, Franken= und Thüringerwaldes zu gute kommen werde." Er schließt: „Das sollten Hunderttausende anderer Deutscher mitgenießen, welche Kraft und Lust in sich spüren, die Aufgabe ihrer Nation, Kultur in die Welt zu tragen, auf dem zunächst dafür empfäng= lichen Boden zu lösen." Ebenso patriotisch erklärte er im Vor= wort: „Die deutsche Wissenschaft ist und bleibt das Forum, vor welchem alle geschichtliche und thatsächliche Wahrheit am Ende sich erhärten und beglaubigen muß."

Giebt es einen Deutschen, der eine höhere Idee von der seiner Nation zugefallenen Mission hege?

Ich war recht glücklich, daß wir wieder in gemüthlicher Plauderei unsere Meinungen mit einander austauschen konnten, um so mehr als, trotzdem unser Leben, seit wir uns im Winter 1852 auf deutschem Boden Lebewohl gesagt, sich auf ganz verschiedenen Bahnen bewegt hatte, sie nur in wenigen Fragen von einander abwichen.

Durch Donai kam ich mit dem deutschen Element der Be= völkerung von New=York und den umliegenden Orten in nähere Verbindung. Im Großen und Ganzen gefiel es mir auch da= mals nicht viel besser als zur Zeit, wo ich es zum ersten Male kennen gelernt hatte. Das scharfe Urtheil, welches ich in dem Abschnitt „Santa=Anna" über dasselbe gefällt, mußte ich, von einzelnen rühmenswerthen Ausnahmen abgesehen, immer noch aufrecht halten. Das war erklärlich. In überwiegender

Mehrheit gehören die aus ihrem Heimathlande auswandernden Deutschen den weniger gebildeten, gerade heraus gesagt, den ungebildeten Klassen an. Materielles Elend treibt sie über den Ocean. Aus in jeder Hinsicht bedrängten Verhältnissen plötzlich, ohne Uebergang, in den Genuß schrankenloser Freiheit gesetzt, wissen sie sich in diese schwer zu finden und mißbrauchen sie häufig. Ihnen scheint das Wesen der Freiheit in rücksichtsloser Bethätigung äußerlicher, über alle gesellschaftlichen Formen sich hinwegsetzender Rohheit zu liegen. Als wenig nachahmenswerthes und doch nur zu oft nachgeahmtes Beispiel dienten ihnen, früher wenigstens, die Irländer, wie selten sie auch Umgang mit ihnen pflegen. Auf den Erwerb angewiesen, gehen sie in der Regel in diesem auf, hauptsächlich viele Deutsche semitischer Race, welche in Amerika ihr gelobtes Land finden, wo sie unbehindert dem Cultus des goldenen Kalbes fröhnen können. Den Yankees gegen= über, die in ihrem knownothinghaften Dünkel, als geschäftskundige, praktische Leute, sie von oben herab ansahen, weil sie, eben un= praktisch, noch an gewissen moralischen „Vorurtheilen" hafteten, und die sie darum mit dem Spottwort „green dutchmen" brand= markten, bewiesen sie — seit Deutschland sich zu einem mächtigen Reiche entwickelt hat, ist es damit viel besser geworden — nicht selten eine unwürdige Unterwürfigkeit. Sie waren stolz, ihnen abzulernen, wie sie sich räusperten und wie sie spuckten, stolz, das ideale Streben, welches im deutschen Volke liegt, und durch das es sich von anderen Völkern so vortheilhaft unterscheidet, zuerst zu verleugnen, dann allmälig aufzugeben.

Auch viele derjenigen Emigrirten, welche aus politischen Gründen in die neue Welt geflüchtet waren, fanden sich dort nicht zurecht. Auch sie versimpelten und verrohten nach und nach.

Um so höher muß man Männer achten, die wie Douai die Deutschen drüben zu veredeln trachteten, indem sie sie unter der Fahne der religiösen Freiheit schaarten, welche von allen Frei= heiten am Geringsten in den Vereinigten Staaten herrscht,

denn bis auf den heutigen Tag haben die Amerikaner den von
den „Pilgrimvätern" eingeschleppten stumpfsinnigen Bibelglauben,
gepaart mit einem Fanatismus, der dem des Katholicismus
nichts nachgiebt, und mit pharisäerhafter Unduldsamkeit gegen
die „infidels", die Freidenker, die Religionslosen, nicht über-
wunden, während andererseits die Irländer sich an ihren herüber-
gebrachten Papismus, der ja auf ihrer Heimathsinsel ihr einziger
Trost und Halt bei der unmenschlichen englischen Bedrückung gewesen war und noch ist, klammern.

Ein vortheilhafter Umschwung im Charakter sowohl wie in
der Stellung der Deutsch-Amerikaner war wohl schon durch den
Bürgerkrieg verursacht worden, in welchem Viele von ihnen tüchtig
mitgestritten und sich rühmlichst ausgezeichnet hatten, begeistert
von der Idee, dem Institut der in den Südstaaten herrschenden
Negersklaverei ein Ende zu bereiten, obwohl dieser Zweck erst
nach Ausbruch des Kampfes vom Präsidenten Abraham Lincoln
und den Führern der Nordstaaten fast widerwillig in's Auge
gefaßt und dann verfolgt wurde. Noch war aber der Umschwung
nicht durchgreifend genug, um mir für die deutsche Gesammt-
bevölkerung der Union Sympathien einzuflößen. Am Wider-
wärtigsten erschien mir die heranwachsende Generation. An ihr
machte ich, wie auch andernorts, die merkwürdige, weder psychologisch noch ethnologisch genügend erklärte Wahrnehmung, daß
die ersten aus nationaler oder Racen-Vermischung hervor-
gegangenen Produkte in moralischer Hinsicht häufig nur die Fehler,
nicht die Tugenden der beiden Nationen oder Racen in sich
vereinigen, während in physischer Hinsicht dieses weit seltener geschieht, nicht selten sogar das Gegentheil der Fall ist.

Beinahe nur mit Donai und gleichgesinnten Freunden verkehrte ich deshalb, vorübergehend auch mit dem später in sein
altes Vaterland zurückgekehrten Friedrich Kapp, sowie dem ehemaligen Kriegsminister der badischen Insurrectionsarmee, späteren
amerikanischen General und schließlich Herausgeber des „Baltimore-

Wecker" Franz Sigel. Allein nur bei den Ersteren empfand
ich bisweilen das anderwärts vergeblich bei den Deutschen ge=
suchte Behagen, mich unter Gesinnungsgenossen zu wissen.

In jenem Kreise lernte ich Fräulein Assing kennen, Nichte
Varnhagen's van Ense und Schwester der 1880 als geschiedene
Frau des Cavaliere Grimelli in Florenz verstorbenen Ludmilla,
der geistreichen Freundin Alexanders von Humboldt, Heraus=
geberin des Nachlasses ihres Onkels und Biographin des Fürsten
Pückler=Muskau. Jene war damals bereits eine in vorgerückten
Jahren stehende Dame. Gleich ihrer Mutter, der Dichterin an=
muthiger Lieder, hatte sie sich zur Erzieherin ausgebildet. Das
einzige Altjüngferliche an ihr war ihre Vorliebe für Katzen,
von denen sie mehrere Prachtexemplare besaß. Sonst war sie
an Herz und Geist jung geblieben, begeisterte sich für den Fort=
schritt auf allen Gebieten, vornehmlich auf dem religiösen, hatte,
um ihre Vorurtheilslosigkeit zu beweisen, ein inniges Freund=
schaftsbündniß mit einem Vollblut=Neger geschlossen, der, seit er
der Sklaverei entflohen, sich durch eigenes Studium zum be=
redten Vertheidiger der auch nach dem siegreichen Bürgerkriege
nur im Prinzip, nicht in der socialen Praxis anerkannten Gleich=
berechtigung seiner Race emporgearbeitet, und erfüllte mit un=
ermüdlichem Eifer die Pflichten, die ihr als Vorstandsmitglied
der „freien Gemeinde" in Hoboken oblagen. Ich habe kaum
eine andere Frau gekannt, die in gleich hohem Grade sich durch
tiefes Gefühl und werkthätige Menschenliebe wie durch logisches
Denken, das nicht zurückschreckte, aus einmal als wahr erkannten
Prämissen die letzten Consequenzen zu ziehen, auszeichnete.

Während des Schreibens geht mir die betrübende Nachricht
zu, daß Fräulein Ottilie Assing ihrem Leben ein freiwilliges
Ende gemacht hat, indem sie sich mit Cyankali vergiftete. Ein
von ihr als unheilbar angesehenes Brustleiden bewog sie, die
Pforte zu erschließen, welche in das ewige Nichts führt. Sie
befand sich, von Florenz kommend, wo sie seit einigen Jahren,

schriftstellerischen und journalistischen Beschäftigungen hingegeben,
lebte, auf einer Reise nach Spanien und vollzog am 21. August
1884 den Selbstmord im Bois de Boulogne in Paris. Eine
edle Frau weniger in der Welt!

Douai war es, der meine Bekanntschaft mit Karl
Heinzen vermittelte, dessen Mitarbeiter am „Pionier" er eine
Zeit lang gewesen war, von dem er sich aber, weil Letzterer, wie
er mir sagte, eine allzu unverträgliche Natur sei, später getrennt
hatte. Heinzen lebte damals in der Nähe von Boston, dem
amerikanischen Athen, im Orte Roxbury, beinahe ausschließlich
mit der Redaktion seines radikalen Wochenblattes und der Ver=
öffentlichung von anderen, gleichen Radikalismus predigenden
Schriften beschäftigt.

Im Herbst 1865 war er zufällig nach New=York gekommen,
um vor einem dortigen deutschen Verein zu sprechen. Bei dieser
Gelegenheit trafen wir uns. Nachdem Douai kurz unsere bei=
den Namen genannt, den meinigen unter Hinzufügung meines
militärischen Grades, richtete Heinzen, anstatt der von der Ge=
sellschaft verlangten, banalen Phrase: „Ich freue mich, Sie kennen
zu lernen", in einem Tone, bestimmt, jeden Widerspruch abzu=
schneiden und mit weithin schallender Stimme, als ob er auf
einer Tribüne stände und eine nach Hunderten zählende Volks=
menge zu haranguiren hätte, folgende Ansprache an mich:

„Sie sind Oberst und behaupten, freisinnig zu sein? Das
ist unmöglich! Kein Militär ist freisinnig."

Erst später erfuhr ich, daß ein ausnahmsloser Haß gegen
das „Soldatenthum" eine seiner Lieblingsschrullen war. Im
Jahre 1872 gab er ein Buch heraus, das dazumal unter den
Deutsch=Amerikanern vielen Staub aufwirbelte, und auf das ich
noch zurückkommen werde, betitelt: „Der teutsche" — bei Leibe
dicht „deutsche" mit einem d, das wäre seiner Ansicht nach nicht
nur ein orthographischer Fehler, sondern fast ein politisches Ver=
brechen gewesen — „Editoren=Congreß zu Cincinnati oder das

gebrochene Herz", in welchem sich in einer vor einer Ver=
sammlung „teutscher" Turner gehaltenen Rede folgender Passus
findet:

„Wenn es etwas auf der Welt giebt, das Sie mehr zu
hassen haben als das Pfaffenthum, so ist es das Soldatenthum,
denn es vereinigt mit der geistigen Brutalität die physische und
würdigt seine Diener zu Bestien herab, die den Zweck haben,
das Regiment der Bestialität der Menschheit aufzuzwingen.
Werden Sie Soldaten der Revolution, aber hassen Sie das
Soldatenthum, hassen Sie die Uniform, die Sie tragen, hassen
Sie die Waffe, die Sie führen, hassen Sie das Commando, dem
Sie gehorchen werden. Und ist der Sieg errungen, so zerreißen
Sie die Uniform, so zerbrechen Sie die Waffe, so vernichten Sie
das Commando."

Es hatte nämlich Heinzen's Zorn erregt, die deutsch=
amerikanischen Turner bisweilen, wie er sagte, „Soldat spielen"
zu sehen, und er erblickte darin die Gefahr, daß sie sich schließlich
zu Werkzeugen „eines ehrgeizigen Meisters des Mordhandwerks"
herabwürdigen lassen würden.

Ein Korn Wahrheit liegt in dieser Auffassung, das ist un=
leugbar; nur wird sie durch ihren Exklusivismus ungerecht. Mir
war aber, wie erwähnt, diese Idiosynkrasie Heinzen's, als ich
ihn zum ersten Male sah, noch unbekannt. Ich hatte deshalb
wohl Grund, über jene mir zugeschleuderten Worte erstaunt
zu sein. Alle Anwesenden, die eine scharfe Erwiderung meiner=
seits voraussetzten, umdrängten uns, wie um einen Conflikt zu
vermeiden, der für die Gesellschaft leicht hätte peinlich werden
können. Zum Glück fiel mir eine Epoche aus Heinzen's Ver=
gangenheit ein, und ohne irgend welchen Aerger zu zeigen, er=
widerte ich:

„Nun, dann ist auch ein gewisser Karl Heinzen, der
sich freiwillig bei der holländischen Armee anwerben und als
Unterofficier nach Batavia schicken ließ, kein freisinniger Mann."

In der That hatte er, nachdem er von der Universität
Bonn, wo er Medizin studirte, relegirt worden war, in seiner
Verzweiflung und der Noth gehorchend, jenen Schritt gethan,
war aber, da er das Soldatenleben auf Java nicht aushalten
konnte, bald nach Deutschland zurückgekehrt, um kurze Zeit hin=
durch eine Anstellung im preußischen Steuerfach zu bekleiden.

Mein grober Keil auf jenen groben Klotz erzielte eine un=
vorhergesehene Wirkung. Erst schwieg Heinzen eine Weile,
dann streckte er mir die Hand entgegen, und als ich sie erfaßte,
sagte er:

„Mit Ihnen binde ich nicht wieder an."

Wir verblieben denn auch in ziemlich gutem Einvernehmen.
Mehrere Jahre später geriethen wir jedoch abermals hart an
einander.

Heinzen war 1865 ein Mann von sechsundfünfzig Jahren,
sah indeß jünger aus. Von hünenhafter, plumper Gestalt, ge=
wöhnlichen, doch ausdrucksvollen Zügen, mit breitem Mund, leb=
haften Augen und auffallend großen, unschönen Händen und
Füßen, trug seine ganze Erscheinung den Stempel bäuerischer
Rohheit. Auch seine Manieren waren Alles eher denn fein,
seine Sprechweise polternd. Was seinen Anzug betrifft, so sah
man, daß er die Gebote der Mode der persönlichen Bequemlich=
keit unterordnete. Einigermaßen erinnerte er mich in seinem
Aeußern an den alten Jahn. Gleich diesem schien er mir mit
seiner Rusticität zu kokettiren, wie Antisthenes mit seinem durch=
löcherten Mantel. Eine nicht zu übertreffende Virtuosität besaß
er im Schimpfen. Am Großartigsten trat sie in seinem „Pio=
nier" zu Tage, wenn er, was beinahe in jeder Nummer ge=
schah, mit diesem oder jenem Gegner — und wer war in seinen
Augen nicht sein Gegner! — in Polemik gerieth. Auch aus
vielen seiner Bücher läßt sich eine Blumenlese von groben Redens=
arten zusammenstellen. Vermuthlich hielt er diese pöbelhafte
Sprache für „urteutsch".

Dabei war er eine ehrliche Haut, fest überzeugt von der Richtigkeit seiner ultra-radikalen politischen und religiösen Grundsätze, und durchaus unfähig, sie schnöden Vortheils halber abzuschwören. Nie hat er sie verleugnet, nicht einmal aus Klugheitsgründen verschwiegen. Das Wort „Opportunismus" existirte nicht in seinem Wörterbuche. Ihm galt es, und vielleicht mit Recht, als gleichbedeutend mit Gesinnungslosigkeit. Die staatsmännische Ader fehlte ihm also vollständig.

Nächst den Soldaten haßte er die Fürsten. Seit seine 1844 erschienene, aus eigener Erfahrung geschöpfte und einzelne treffende Bemerkungen enthaltende Schrift: „Die preußische Bureaukratie" ihm eine gerichtliche Verfolgung zugezogen und ihn gezwungen hatte, auf flüchtigen Sohlen sein Vaterland zu verlassen, das er erst vier Jahre später auf wenige Monate wieder erblickte, um sich Hecker's Aufstand, der so kläglich scheitern sollte, als Führer einer Freischaar anzuschließen — seit jener Zeit erfüllte seine Brust ein unversöhnlicher Haß gegen alle Wesen, die auf einem Throne oder in dessen unmittelbarer Nähe geboren waren. Mit geradezu verblüffender Ungenirtheit vertheidigte er, nachdem er zum zweiten Male ein Asyl in Nordamerika gefunden, in seinem 1854 in Louisville gegründeten, seit 1859 nach Boston verlegten Leibblatt, dem schon erwähnten „Pionier", sowie in anderen Brochuren die Theorie des Fürstenmordes. Uebrigens wußten seine Anhänger wie seine Gegner, daß Heinzen sich persönlich niemals entschließen würde, jene Lehre in die Praxis zu übertragen. Es handelte sich vielmehr um eine bis auf die Spitze getriebene Renommage, denn so gescheut war er doch, um einzusehen, daß mit dem bloßen Abschlagen gekrönter Häupter der Sache der Freiheit und der Republik nicht gedient ist. Es schien ihm aber zu schmeicheln, sich mit dem, ursprünglich wohl ironisch gemeinten Beinamen „Fürstekiller" begrüßen zu hören.

Eine interessante Diskussion hatte ich mit Heinzen über die Frage der Einführung der Republik im monarchischen Europa.

Bei dieser Gelegenheit kam er sofort wieder mit seinen „ferschten=
tilleriſchen" Ideen vorgefahren und ſchlug ſein, natürlich nicht
ernſtgemeintes Radikalmittel à la Dr. Eiſenbart vor. Selbſt=
verſtändlich erklärte ich mich gegen daſſelbe, nicht allein, weil es
unmoraliſch, ſondern auch weil es unpraktiſch, nicht allein, weil
es ein Verbrechen, ſondern auch weil es ein Fehler ſei. Dagegen
ſuchte ich ſeinen Einwand abzuſchwächen, daß die Sache aus dem
Grunde auf große Schwierigkeiten ſtoßen möchte, weil es in
Europa verhältnißmäßig noch wenige Republikaner gäbe.

Ich äußerte mich ungefähr, wie folgt:

Die Zahl der prinzipiellen Gegner der republikaniſchen
Staatsform vermindert ſich auch in Europa von Tag zu Tag.
Man leugnet nur, daß die Völker ſchon jetzt reif dafür ſeien.
Häufig hört man die Behauptung, die Republik ſei eine Staats=
form für nahezu vollkommene Menſchen, ſie könne nicht beſtehen
ohne Republikaner, und wahre Republikaner ſeien nur in geringer
Anzahl anzutreffen.

Bis zu einem gewiſſen Grade iſt der Vorderſatz wahr, falſch
jedoch der daraus gezogene Schluß.

Bildung und Sittlichkeit ſind allerdings die beiden Grund=
pfeiler, auf denen das Gebäude der politiſchen Freiheit aufgebaut
werden muß. Nur wenn dieſe Vorbedingungen erfüllt ſind, ver=
mag die Herrſchaft der Freiheit eine durchgreifende und wohl=
thätige zu ſein. Umgekehrt iſt jedoch auch als nothwendige Vor=
bedingung zum klaren Denken und zum ſittlichen Handeln die
Freiheit anzuſehen. Aus dieſem ſcheinbaren circulus vitiosus
kommt man aber allein dadurch heraus, daß man mit der Ein=
führung der letzteren nicht wartet, bis die Menſchen die beiden
erſteren vollſtändig erlangt haben.

Die drei Begriffe: Freiheit, Bildung, Sittlichkeit ſtehen in
fortwährender Wechſelwirkung; ſie bedingen ſich gegenſeitig. Ein
Früher oder Später darf es in Bezug auf ſie nicht geben,
ſondern eine Gleichzeitigkeit. Man kann aus dieſer Dreiheit

kein Glied herausreißen, ohne ihre übrigen Bestandtheile zu
schädigen.

Die absolute Monarchie ist prinzipiell eine Gegnerin der
Volksbildung, weil ein dummes Volk leichter zu beherrschen ist
als ein geistig höher entwickeltes. Auch die Priester jedweder
Religion bedürfen einer dummen Heerde, um sich als deren Hir=
ten aufzuspielen. Sie verlangen vor allen Dingen einen blinden
Glauben; mit den schärfsten Bannflüchen belegen sie das Selbst=
denken. Bezeichnend ist, daß, nach der biblischen Legende, die
verbotene Frucht im Paradiese vom „Baume der Erkenntniß"
gepflückt, daß durch ihren Genuß die Augen der ersten Menschen
aufgethan wurden.

Wo darum in absoluten Monarchien und in Theokratien
Bildungsbestrebungen sich zeigen, geschieht es in Widerspruch mit
dem innersten Wesen jener. Dem Wesen der Republik entspricht
es hingegen, als ihre Hauptaufgabe die Volkserziehung zu be=
trachten. Die constitutionelle Monarchie wie die rationalistische
Religionsauffassung, obwohl beide eine contradictio in adjecto
enthalten, vermitteln, allerdings ungenügend, den Uebergang zur
Republik und zum wissenschaftlichen, vom Dogma unabhängigen
Denken.

In gleicher Weise entspricht es dem Wesen der Republik,
die Sittlichkeit zu fördern. Ein absolut unfreier Mensch kann
nicht schlecht, er kann aber auch nicht gut handeln. Sklaven
sind unzurechnungsfähig. Wo unbedingter Gehorsam verlangt
wird, hört die Selbstbestimmung und mit ihr die persönliche
Verantwortlichkeit auf. Allein gebildete und sittenreine Menschen
können wahre Republikaner sein, allein durch die Freiheit können
die Menschen zur wahren Bildung und Sittenreinheit gelangen.

Mit diesen theoretisch unbestreitbaren Wahrheiten stimmen
nun freilich die Thatsachen nicht überein. Die amerikanische
Union ist weit entfernt davon, den Namen einer Musterrepublik,
welchen sie sich gern beilegen läßt, zu verdienen. Geistig wie

sittlich steht sie auf einem keineswegs hohen Niveau. Der Druck,
welchen drüben eine ungebildete Menge durch das allgemeine, oft von
politischen „Drahtziehern" gefälschte und irregeleitete Stimmrecht
ausübt, ist kaum weniger schlimm als der eines Despoten. Die
Majorität wird leicht zur Ochlokratie. Auch die öffentliche Corruption hat dort eine erschreckende Ausdehnung angenommen.
Von dem nie völlig zu stillenden Heißhunger nach Gold ist
die ganze Gesellschaft erpackt. Diese beklagenswerthen Zustände treten indessen auf, nicht weil, sondern obgleich die republikanischen Institutionen herrschen. Heutzutage existirt nämlich
noch keine Republik, wie sie sein soll. Alle haben monarchische
Gebrechen als Erbschaft übernommen und leiden darunter. Richtig
durchgeführt muß sie einen bessernden Einfluß auf das Leben
der Bürger ausüben.

Da nun aber Bildung und Sittlichkeit auf dem europäischen
Continent sicher nicht tiefer stehen als auf der westlichen Hemisphäre, so braucht man ihnen nur die volle Möglichkeit zu geben,
sich zu entfalten, und sie werden schöne Blüthen und Früchte
tragen. Diese volle Möglichkeit gewährt aber allein die republikanische Staatsform. Nimmermehr kann die Monarchie, auch
nicht die constitutionelle, als ausreichende Vorschule dienen für
die Republik. Es unterliegt keinem Zweifel, daß, wie Präsident
Grant es in seiner Botschaft vom 4. März 1873 sagte, die republikanischen Einrichtungen berufen sind, den Erdkreis zu erobern.
Zuerst natürlich das verhältnißmäßig hochgebildete Europa.

Mögen auch anfänglich die sich dort bildenden Republiken
nur Minoritäten von wahren Republikanern in ihrem Schooße
zählen, nach und nach werden diese mit Nothwendigkeit sich in
Majoritäten umwandeln. Um schwimmen zu lernen, muß man
vorerst in's Wasser gehen. Nur durch die Freiheit können
Menschen wie Völker zur Freiheit erzogen werden.

Hauptsächlich mit einem Satze meiner Ausführungen war
Heinzen einverstanden; mit der Bemerkung, daß, wo in Re-

publiken sich Mißstände zeigen, sie auf die allen ohne Ausnahme im Blute steckende monarchische Erbsünde zurückzuführen seien. Darum verwarf er vernünftigerweise wegen ihres monarchischen Beigeschmacks die Institution der Präsidentschaft. Mit stets neuen Argumenten und — Schimpfwörtern zog er gegen den „König im Frack" — ich glaube, dieser sprichwörtlich gewordene Ausdruck ist Heinzen's Erfindung — zu Felde, namentlich in einer auch in's Englische übersetzten Brochure: „Was ist wahre Demokratie?"

Die Methode, auch den höchsten Würdenträger der Republik aus der direkten oder indirekten Volkswahl hervorgehen zu lassen, ihm also einen gleichen Ursprung zu verleihen wie dem Congreß, ist absolut unstatthaft. Leicht wird hierdurch zwischen der legislativen und der exekutiven Gewalt ein verderblicher Antagonismus geschaffen. Es darf nur eine Volksvertretung geben. Aus dieser muß dann die jeden Augenblick widerrufliche, von jener ihre Befehle empfangende, ihr für deren Ausführung verantwortliche, aus mehreren, für je einen der verschiedenen Verwaltungszweige geeigneten Personen zusammengesetzte Vollziehungsbehörde hervorgehen. Das System des Convents ist trotz mancher ihm anhaftenden und nicht leicht zu beseitigenden Unzukömmlichkeiten das einzig wahrhaft republikanische. Auch ein Präsident ist ja eine Art von Monarch, von Alleinherrscher, der vielfach nach seinem eigenen Willen Bestimmungen trifft, über öffentliche Gelder verfügt, Beamte anstellt u. s. w.; darum fort mit ihm!

Ebenso halte ich jede zu weit geführte staatliche Centralisation für gefährlich. Je größer die Fractionirung in Gruppen, die sich selbst regieren, desto unbeschränkter vermag der Einzelne seine Freiheit auszuüben. In dieser Beziehung hatten die zum Föderalismus neigenden Girondisten das Wesen der Republik richtiger erfaßt als die Jacobiner mit ihrer „république une et indivisible" und der bevorzugten Stellung, welche sie der Hauptstadt Paris einräumten; in dieser Beziehung kommt in

Amerika die demokratische Partei, welche für die Rechte der Einzelstaaten — states' rights — gegen die centralistische Uebermacht — die state's rights — eintritt, der republikanischen Idee näher als die republikanische.

Wiederholt habe ich während meines Aufenthalts in den Vereinigten Staaten und später in Mexiko in Wort und Schrift die Abschaffung der Präsidentschaft befürwortet. Will man diese Theorie utopisch nennen, nun so erinnere ich an das ebenso schöne wie wahre Wort Victor Hugo's: „chaque utopie est un berceau" — jede Utopie ist eine Wiege.

Sehr schlecht kamen bei Heinzen die Geistlichen aller Religionen und Confessionen weg. Ausnahmslos betrachtete er sie als Betrüger, nicht etwa als betrogene, sondern als bewußte. In jedem roch er den Jesuiten. Daß wir Beide auf diesem Felde nicht carambolirten, ist überflüssig zu versichern. Mit einigen Einschränkungen — Heinzen war in Allem extrem — theilte ich seine Ansichten.

Später las ich einmal, leider nur in englischer Uebersetzung, einen von einer japanischen, in Tokio erscheinenden Zeitung, „Tschoya Schimbun", veröffentlichten Leitartikel, in welchem eine Untersuchung angestellt war, ob die Religion im Allgemeinen dem Menschengeschlechte Vortheile oder Nachtheile gebracht habe? Nach einer höchst originellen, auf historische Thatsachen gestützten Auseinandersetzung, in welcher der Verfasser verschiedene Religionen, so den Schintoismus, den Buddhismus, das Judenthum und das Christenthum Revue passiren läßt, kommt er zu folgendem Schlusse: „Aus dem Obigen erhellt nun, daß die Religion die Menschen nicht in der Civilisation fördert, denn wenn diese Fortschritte macht, schwächt jene sich ab. Die Religion ist somit nur ein trügerisches Aushängeschild der Civilisation."

Von den zur Erhärtung dieser kühnen Behauptung beigebrachten Argumenten will ich nur eines anführen: „Während des Mittelalters", wird im Artikel gesagt, „befanden sich die

Nationen Europas noch in einem äußerst uncivilisirten Zustande.
Kaum einen Tag erfreute sich damals jener Continent des Frie=
dens; stets wurde er durch Kriege, welche großentheils ihren Ur=
sprung in der Religion hatten, zerrüttet. Entsetzlich waren die
Barbareien der Kreuzzüge. Die Leichen derjenigen, welche in
denselben fielen, würden, aufgethürmt, einen Berg gebildet haben.
Zu jener Zeit waren die Völker sehr eifrig in der Religion, und
gerade darum führten sie jene Kriege.

„Aber nach vielen Jahrhunderten voll Blutvergießens be=
gannen sie betreffs der Zweckmäßigkeit und solcher Art des Vor=
gehens Zweifel zu hegen. Der religiöse Eifer erkaltete; das
Denkvermögen erstarkte, und die Civilisation machte allmälig
Fortschritte bis zu dem Punkte, auf welchem wir sie jetzt er=
blicken. Wenn wir den religiösen Eifer des Mittelalters mit
dem der Gegenwart vergleichen, so werden wir finden, daß er
damals hundertmal stärker war, als er es jetzt ist, während die
Kenntnisse der heutigen Zeit hundertmal größer sind, als sie es
damals waren. Dies beweist, daß Civilisation und Religion
ihre Plätze wechseln. Wenn jene auftritt, verschwindet langsam
diese. Haben wir demnach Unrecht, zu behaupten, daß die Re=
ligion keine gute Wirkung ausübt?"

Die praktische Anwendung dieser Beweisführung lautete:
„Von der Ansicht ausgehend, daß die Religion sehr schädliche
Wirkungen hervorbringt, meinen wir, sie verdiene es kaum, daß
die Regierung sich um sie kümmere. Der Glaube des Volkes
kann nur in seinem Herzen gebildet werden. Es scheint darum
unangemessen, daß die Regierung vorschreibe, welche Form des
Glaubens die richtige, welche die falsche sei, was in dieser Hin=
sicht gethan, was unterlassen werden soll. Es wäre besser, die
Regierung gestattete dem Volke, Gott nach eigenem Belieben zu
verehren" — wer erinnert sich hierbei nicht der bekannten Worte
Friedrichs des Großen: Jeder mag nach seiner Façon selig wer=
den? — „unter der Voraussetzung, daß dadurch nicht die Landes=

geſetze verletzt werden. Wir fürchten, daß, wenn die Regierung
ſich in Religionsangelegenheiten einmengt, wir von eben ſolchen
Unruhen werden heimgeſucht werden, wie diejenigen waren, unter
welchen Europa im Mittelalter litt, oder daß wir wenigſtens
gegen viele Geſetzverächter werden einſchreiten müſſen."

Das Merkwürdigſte bei der Sache war, daß die Regierung
des Mikado jene Rathſchläge eines oppoſitionellen Blattes be=
rückſichtigte und — das Kultusminiſterium abſchaffte.

Auf einem ähnlichen Standpunkt ſtanden Heinzen und ich.
In den Vereinigten Staaten verurtheilten wir die trotz der dort
geſetzlich eingeführten Trennung von Staat und Kirche beliebte
Einſchmuggelung des Gottglaubens in Politik und Gerichtsweſen.
Ich namentlich bemühte mich während meines damaligen gezwun=
genen Aufenthalts in New=York durch in jener Stadt und
anderen, wie Brooklyn, Hoboken, Newark, gehaltene Vorträge,
welche immer eine zahlreiche deutſche Zuhörerſchaft herbeizogen,
jeden Aberglauben, alſo, was ich als damit gleichbedeutend er=
achte, jeden Glauben zu zerſtören.

Wie es überhaupt meine Gewohnheit iſt, ſprach ich immer
frei. Weder ſchrieb ich meine Reden nieder, noch memorirte ich
ſie. Nur eine Art von Skelett pflegte ich mir vorher zu ent=
werfen, um im Großen und Ganzen den Gedankengang feſtzu=
zuſtellen. Solche Skelette beſitze ich noch in Menge.

Beſonderes Aufſehen machte meine Erklärung der Ringfabel
in Leſſing's „Nathan dem Weiſen", deren Bedeutung ich in den
Worten erkannte:

„Der rechte Ring vermuthlich ging verloren."

Ich ſagte darin unter Anderm: „Der Deismus unter=
ſcheidet ſich nur ſcheinbar vom Atheismus. Nicht auf einen
Glauben an einen Gott überhaupt kommt es den Religionen an,
ſondern auf den Glauben an einen beſtimmt formulirten Gott.
Nicht das Ob?, ſondern das Wie? bildet deren Baſis. Wenn
man befugt iſt, Gott ſich nach ſeinem individuellen Belieben vor=

zustellen; wenn man mit Faust das Wort, das im Anfang war,
bald mit „Sinn", bald mit „Kraft", bald mit „That" über=
setzen darf, so verwässert sich der Gottbegriff in dem Maße, daß
schließlich nichts mehr von ihm übrig bleibt. Auch ein Atheist
wird nicht so unvernünftig sein, eine Urkraft zu leugnen, aus
welcher Alles, was ist, hervorgegangen und noch hervorgeht.
Eine Wirkung ist ja undenkbar ohne eine Ursache. Das Gesetz
der Causalität beherrscht das Weltall. Der Deismus ist dem=
nach nur eine Fiction, bei den meisten sich bona fide für
Deisten haltenden oder als solche ausgebenden Menschen eine
Selbsttäuschung.

„Aber auch seiner bedürfen wir nicht, um ganz und voll zu
sein, was wir sein sollen: Menschen. Mag immerhin der echte
Ring von den dreien, von den vielen andern, deren jeder eine
verschiedene Religion bezeichnet, verloren gegangen sein: es darf
uns nicht anfechten. Im „Nathan" zeigt uns Lessing der
Menschheit Beruf, und dieser Beruf ist so edel, so schön, so er=
haben, daß sie um nichts Weiteres sich zu kümmern braucht.
Des wahren Ringes geheimnißvolle Kraft erweist sich in allge=
meiner religionsloser Menschenliebe."

Ich sprach auch über „Alte und neue Weltanschauung",
über „Gut und Böse", über das „Opfer", über das „Gebet" und
ähnliche Themata. Dem letzten Vortrag wohnte Heinzen zufällig
bei. Als ich meine Auseinandersetzung in den Versen resümirte:

„Warum streckst Du in Noth gekettete Hände gen Himmel,
Spannst das schleppende Wort vor die beflügelte That?
Mensch, der droben ist taub für alle Gebete des Schwachen.
Nur wer stark, wird erhört, denn bist Du stark, hilfst Dir selbst" —
da kam er auf mich zu, drückte mir herzlich die Hände und
sprach mir seine Zustimmung aus. Im Allgemeinen war er
sehr sparsam mit Beifallsbezeugungen auch Gesinnungsgenossen
gegenüber; darum mußte ich die von ihm gespendete mir hoch
anrechnen.

Mit der Wiederaufnahme meiner Thätigkeit als Redner
vor freien Gemeinden glich ich ein wenig jenen mittelalterlichen
Bischöfen, die halb Geistliche, halb Krieger waren. Auch ich
habe von Zeit zu Zeit das Schwert niedergelegt, um das Wort
zu ergreifen und Religionslosigkeit zu predigen, oder umgekehrt.

Ein eigenthümlicher Zufall wollte, daß ich sogar thatsächlich,
obwohl nur für eine Stunde, die Rolle eines Geistlichen über=
nehmen mußte.

Während meines ersten Aufenthalts in New=York pflog ich
mit dem Prediger Heinrich Toelke, der an einer deutschen
protestantischen Kirche angestellt war, Umgang. 1852 schon dem
Rationalismus huldigend, hatte er sich allmälig zum Unglauben
durchgerungen und deßhalb seine Stellung aufgegeben. Aufrichtig
wünschte ich ihm Glück zu dieser Selbstbefreiung. Toelke,
Wittwer geworden, wollte sich nun zum zweiten Male verheirathen.
Da er aber mit Recht Anstand nahm, sich von einem gläubigen
Pfarrer mit seiner Braut zusammengeben zu lassen, und Dr.
Donai zufällig auf einige Wochen abwesend war, so bat er
mich, die Trauung zu vollziehen. Zuerst faßte ich die Sache
als einen Scherz seinerseits auf. Als Toelke jedoch darauf
bestand und mir aus den amerikanischen Gesetzen nachwies,
daß ich, wegen meiner früheren Eigenschaft als Sprecher der
freien Gemeinde zu Zeitz, die Befugniß dazu hätte, so daß jede
von mir eingesegnete Ehe volle Rechtsgiltigkeit besäße, gab ich
nach. Die einzige Concession, die ich dem von mir vorzu=
nehmenden feierlichen Akte machte, welchem außer den direkt dabei
Betheiligten und ihren Trauzeugen nur wenige Bekannte
beiwohnten, war, daß ich mich schwarz ankleidete. Alles
verlief in den üblichen Formen. Auf meine doppelte Frage
wurde von Beiden das bindende Ja gesprochen, daraufhin fügte
ich ihre Hände zusammen und richtete an die Neuvermählten
eine Ansprache, die sich von den bei ähnlichen Gelegenheiten von
Talar= oder Stola=Trägern gehaltenen in sofern unterschied, als

der liebe Gott dabei aus dem Spiele blieb, da ich), in völliger
Unkenntniß desselben, seinen Namen nicht unnützlich anrufen
wollte, außerdem wohl auch dadurch, daß sie mehr aus dem Herzen
kam und nicht allein ein Herplappern sakramentaler Worte war.

Es dürfte schwerlich jemals vorgekommen sein, daß ein
früherer protestantischer Pastor von einem noch im aktiven Dienste
stehenden Genieobersten copulirt und zwar, wie die Amerikaner
sagen, „duly married" worden sei. Ebensowenig ist es wahr=
scheinlich, daß ich selbst noch einmal in die Lage komme, als
legaler Ehestifter zu fungiren. Der Gedanke gewährt mir aber
Genugthuung, auf diese für mich mühelose Weise zum Glück zweier
Menschen beigetragen zu haben.

Nicht günstiger als die Pfaffen beurtheilte und behandelte
Heinzen die Geldmänner. Nichtsdestoweniger war er, vielleicht aus
persönlicher Feindschaft gegen Karl Marx, ein Gegner der
„Internationale".

Von Mitte 1871 bis zum Frühling 1872 befand ich mich
wiederum in New=York. Ich habe schon im ersten Theile er=
zählt, daß mein damals gemachter Versuch, nach Mexiko zurück=
zukehren, scheiterte, weil Benito Juarez, der mein politischer
Gegner geworden war, noch das Staatsruder in der Hand hielt,
und meine Freunde mir dringend abriethen, mich nochmals für
unsere Sache nutzlosen Verfolgungen auszusetzen.

Seit dem September 1869 bestand in New=York eine
1872 wieder eingegangene sehr freisinnige Wochenschrift: „Die
neue Zeit", für die auch Douai, Carl Vogt, der jüngstver=
storbene Culturhistoriker Kolb, Ludwig Büchner, Herwegh
und andere berühmte liberale Schriftsteller Beiträge lieferten.
Ich trat in die Redaktion ein.

Damit verscherzte ich mir jedoch die Freundschaft Hein=
zen's, den ich mit Freuden wiedergesehen hatte. „Die neue
Zeit" machte nämlich seinem „Pionier" Concurrenz, und darum
richtete er unablässig seine schärfsten Pfeile gegen unser Blatt.

Endlich wurde es mir zu arg. Ich beschloß, meinerseits eine Polemik gegen ihn zu eröffnen.

„Bringen Sie nicht Zwietracht in die leider noch so kleine Schaar wahrer Radikalen" — sagte mir ein Bekannter, um mich von jenem Vorhaben abzubringen.

Als Antwort citirte ich das „amicus Plato, sed magis amica veritas." Heinzen ist mein Freund, doch größere Freundinnen sind mir Wahrheit und Gerechtigkeit. Warum auch sollten wir ihm immer die Rolle des Hammers überlassen und uns mit der des Ambosses begnügen? War er es nicht, welcher fortwährend auf die rücksichtsloseste, ungerechteste Weise gegen hervorragende Radikale loszog? Jede Nummer des „Pionier" gab Zeugniß davon. Es schien beinahe, als ob er mit Vorliebe seine Angriffe gegen Männer richtete, die auf seinem eigenen Standpunkt standen und nur in unwesentlichen Fragen von ihm abwichen. Vielleicht lag der Grund hiervon in seiner Furcht, daß sie ihn in den Schatten stellen möchten.

Gern erkenne ich die Berechtigung eines jeden Ichs an, selbst wo dieses sich in etwas zu entschiedener Weise vordrängt. Aber das darf nicht so weit gehen, den übrigen Ichs die gleiche Berechtigung zu verweigern. Von jeher bin ich ein Gegner jed= weden Autoritätsglaubens gewesen. Niemals habe ich mich vor einem αὐτὸς ἔφα gebeugt, und sei dieser αὐτὸς auch ein — Hein= zen. Wo immer ich einen neuen Götzen aufrichten sehe, da greift instinctiv meine Hand nach einem Steine, um ihn gegen das Bild zu schleudern. Aus Gefühl wie aus Ueberzeugung bin ich in solchen Fällen Ikonoklast.

Das Schlimme war, daß um Heinzen als Hohenpriester sich eine allerdings wenig zahlreiche Gemeinde gebildet hatte, die auf seine Worte als auf die eines untrüglichen Meisters schwur und jeder der Abschlachtungen zujauchzte, welche er periodisch an Rivalen, sie auf dem Altar seiner maßlosen Eitelkeit opfernd, vorzunehmen pflegte.

Hörte ich doch einmal aus dem Munde eines Heinzen-
Gläubigen die eines jeden Denkenden, vornehmlich eines freisinnigen Menschen unwürdige Aeußerung:

„Alles, was Heinzen schreibt, unterschreibe ich blindlings,
ohne es auch nur gelesen zu haben."

Einen derartigen Personencultus hielt ich für gefährlich.
Ich erachtete es als meine Pflicht, energisch dagegen zu protestiren. Es schien mir die höchste Zeit, dem aggressiven Gebahren Heinzen's entgegenzutreten; am Ende war es doch kein
Verbrechen, nicht überall gleicher Meinung mit „dem Weisen
von Roxbury", wie seine Freunde ihn getauft hatten, zu sein.

Man rieth mir auch aus dem Grunde ab, mit Heinzen
anzubinden, weil er sicher sehr grob werden und mir recht un-
ästhetische Beiwörter an den Kopf werfen würde. Desto schlimmer
— für ihn, entgegnete ich. Wer keine Gründe hat, nimmt seine
Zuflucht zum Schimpfen und ist dadurch allein schon gerichtet.
Der Riese Goliath war gewohnt, die Kinder Israels mit Keulen-
schlägen zu traktiren, und doch brach jener Philister zusammen,
schwer am Kopfe getroffen von einem Stein aus der Schleuder
des kleinen David.

Heinzen hatte sich in eine förmliche Erbitterung hinein-
geschrieben. So lange sie ihr Gift gegen unsere gemeinsamen
Feinde spritzte, wollte ich es dulden, obgleich ich auch dann dem
suaviter in modo neben dem fortiter in re huldige; die
Gleichdenkenden durften aber nicht länger darunter leiden. Damit hätte man seinem biliösen Temperament zu viel Rechnung
getragen. Außerdem steckte er ja selbst voller Vorurtheile, wenn
auch negativer Art. Weil viele Militärs einer, seiner Ansicht
nach, schlechten Sache dienen, galt ihm, wie ich schon weiter
oben bemerkt habe, eine Ausnahme unter ihnen als Unmöglichkeit. Ebenso verdammte er alle Adeligen, allein des vor ihrem
Namen stehenden Wörtchens „von" wegen, also auch mich, in
Bausch und Bogen, und wenn er nicht Victor Hugo und

Rochefort nach seiner Manier verarbeitet hat, so geschah es vermuthlich nur deshalb nicht, weil er vergessen hatte, daß auch diese Beiden von adeliger Geburt sind.

Also en avant!

In einem Leitartikel: „Ein neuer Gegner der Internationale" wendete ich mich zunächst gegen Rudolph Lexow, den zum Millionär gewordenen Herausgeber des „Belletristischen Journals", das aus der „Criminalzeitung" hervorgegangen war, für welche ich 1852 und Anfangs 53 viel geschrieben, und in dem ich noch 1865 meine historisch = politische Arbeit über „Mexiko und die mexikanische Frage" veröffentlicht hatte. In Lexow's vielgelesenem und einflußreichem Blatte war eine gehässige Philippika gegen die Arbeiterbewegung im Allgemeinen und speziell gegen die „Internationale" erschienen, voller Irrthümer, voller Lügen, voller Verleumdungen, voller persönlicher Verdächtigungen ihres damaligen Führers Karl Marx. Ich trat für diesen wie für jene in die Schranken und führte gegen die Behauptung, „in Deutschland verhindere die Besorgniß vor der Internationalen die Rückkehr auf den Friedensfuß", die bekannte Thatsache an, daß gerade sie eine Gegnerin des letzten deutsch = französischen Krieges gewesen war, wie sie überhaupt eine Gegnerin jedes Krieges zwischen Nation und Nation ist. Heinzen's Namen erwähnte ich nur beiläufig; ich sprach mein Bedauern aus, daß er in diesem Falle mit Lexow an demselben Strange ziehe, und die Hoffnung, daß er auch in der Arbeiterfrage sich zu unseren Ansichten bekehren werde. Diese Bemerkung sowie die Vertheidigung des von ihm ingrimmig gehaßten Marx machte ihn wild. Heinzen wurde ausfallend. Mir blieb wirklich nichts übrig, als ihn zurechtzuweisen. Ich schrieb unter Anderm:

„Ebenso wie Luft und Wasser — so lautet eine der Forderungen der Internationalen — muß der Erdboden ein Gemeingut der Menschheit sein. Ist diese Forderung etwa eine so gar unberechtigte? Was würde geschehen, was müßte mit logischer Nothwendigkeit geschehen, wenn das heutige System des auch auf Grund und Boden ausgedehnten Besitzrechtes noch einige Jahrhunderte fortbestehen sollte? Die meisten unserer Epigonen würden dann schon bei ihrer Geburt nirgends einen Flecken Erde finden, wohin ihre Wiege zu stellen wäre, ohne den früheren Geschlechtern, die die ganze Erde im voraus als persönliches Eigenthum unter sich getheilt, Zoll und Abgaben dafür zu zahlen. Schon jetzt muß man den Proletarierkindern, sobald sie das Licht der Welt erblicken, die trostlosen Worte zu- rufen:

> „Weh Dir, daß Du ein Enkel bist!
> Vom Rechte, das mit Dir geboren,
> Von dem ist leider nie die Frage."

„Findet Herr Heinzen einen derartigen Zustand gerecht? Und wenn die Internationale ihn zu ändern und zu verbessern strebt, muß sie dafür, wie Herr Heinzen es wünscht, „strangu- lirt" werden?"

Bezüglich Marx' sagte Heinzen, daß er ihn seit dreißig Jahren und zwar ganz genau persönlich kenne, und leitete aus diesem Umstande seine Befugniß ab, endgiltig über ihn abzuur- theilen, während er mir dieselbe, weil ich in keinen persönlichen Beziehungen zu Marx gestanden, nicht zugestehen wollte. Ich erwiderte:

„Sollte es eine unerläßliche Vorbedingung sein, um über einen öffentlichen Charakter ein Urtheil abgeben zu dürfen, mit ihm vorher einen Scheffel Salz verzehrt zu haben? Ich meine, ein Fernerstehen giebt uns bisweilen ein richtigeres Bild von einem Menschen als ein allzu nahes. Es ist überdies nicht unmöglich — wir sind ja alle Menschen — daß Herr Heinzen sich durch Gründe rein privater Natur hat beeinflussen lassen, um ein so strenges Verdikt über Karl Marx zu fällen. Sei dem, wie ihm wolle, in meinen Augen haben Personen eine verhältnißmäßig geringe Wichtigkeit, wo es sich um Prinzipien handelt. Die der Internationalen sind nicht vollkommen; ich glaube aber, daß durch sie, gewisser Maßlosigkeiten entkleidet, die Heilung der gegenwärtigen, durch und durch kranken Gesellschaft herbeigeführt werden kann.

„Heinzen scheint es mir übelgenommen zu haben, daß ich die Hoffnung ausgesprochen, er werde sich auch in dieser Frage zu unseren Ansichten bekehren. Ich habe dabei keineswegs die Absicht gehabt, ihm zu nahe zu treten. Oder glaubt etwa Herr Heinzen fertig zu sein mit seinen Ansichten? „Strebend nur bist Du Mensch!" So ist es also nicht ausgeschlossen, daß auch er noch im Laufe der Jahre diesen oder jenen Irrthum ablege, diese oder jene Wahrheit besser erkennen lerne und sich auf einen höheren, klareren und vorurtheilsfreieren Standpunkt aufschwinge, als der ist, welchen er in diesem speziellen Falle noch einnimmt. Ich würde meinen, ihm eine Beleidigung zuzufügen, wenn ich annehmen wollte, er halte sich für unfehlbar."

Das war gerade die Sprache, um Heinzen außer dem Häuschen zu bringen, und er unterließ es denn auch nicht, gegen mich loszuwettern.

Wie befugt ich aber war, von mir zu sagen, daß ich die Ansichten der Internationalen nicht für vollkommen halte, geht aus einem anderen Leitartikel hervor, betitelt: „Die geistige Arbeit". Nachdem ich mich darin offen als Materialisten bekannt — „Alles ohne Ausnahme", schrieb ich, „läßt sich auf die Materie zurückführen. Was wir Geist nennen, ist nichts weiter als das Resultat verschiedener Combinationen des Stoffes" — und das Recht der materiellen Arbeit anerkannt hatte, fuhr ich fort:

„Aber wir dürfen nicht in die Charybdis fallen, um der Scylla zu entgehen. Wir dürfen namentlich nicht die geistige Arbeit tiefer stellen als die materielle. Wir wollen keine Aristokratie des Kopfes, aber ebensowenig eine Aristokratie der Hand. Wir wollen eine Gleichberechtigung beider; ja noch mehr,

wir streben dahin, daß alle Handarbeit, so zu sagen, durchgeistigt
werde, und daß der Theil derselben, welcher einer Durchgeisti=
gung nicht fähig ist, statt von denkenden Menschen, mehr und
mehr von bewußtlosen Maschinen vollbracht werde.

„Kopf und Hand sollen stets zusammengehen. Wird denn
aber, kann etwas gethan werden ohne den Geist? Ist die geistige
Arbeit nicht immer die Quelle, aus der die Handarbeit ent=
springt? Ehe eine Maschine mit ihren tausenden von Rädern,
Gewichten und Schrauben wirken kann, muß sie doch eine geistige
Präexistenz im Kopfe ihres Erfinders gehabt haben. Ehe ein
Haus durch die Arbeit der Maurer aus Stein und Mörtel sich
erhebt, muß der Plan dazu — eine geistige Arbeit — vom
Baumeister entworfen sein. Weil man früher die Handarbeit so
gering geachtet hat, ist es falsch, in der Reaktion dagegen so
weit zu gehen, jetzt ein Gleiches mit der geistigen Arbeit zu
thun. Ein bloß materieller Fortschritt hat niemals lange Zeit
hindurch ein Volk an der Spitze der Civilisation erhalten.

„Gerade in diesem Punkte könnte und sollte der deutsche
Einfluß in Amerika zu einem günstigen und segensreichen
werden. Man nennt die Deutschen ein Volk von Denkern,
die Amerikaner ein praktisches Volk. Jedes von ihnen re=
präsentirt eine Halbheit. Amalgamire man sie, und das Er=
gebniß wird sein: ein Volk von praktischen Denkern oder von
denkenden Praktikern.

„Das ist es, was wir wollen. Keine Ueberhebung der
geistigen Arbeit über die Handarbeit, aber auch keine Tiefer=
stellung jener. Eine enge Verschwisterung beider ist erforderlich,
um eine Nation wie ein jedes ihrer Mitglieder frei, groß und
glücklich zu machen."

Ich fand und finde es darum nicht in der Ordnung, aber
wohl begreiflich, daß die Arbeiter, welche als Klasse unterdrückt
sind, ihren Kampf als solche führen. Das Feldgeschrei der Zu=
kunft muß jedoch auch für sie sein: Nieder mit allen die Menschen

trennenden Schranken, also auch nieder mit denjenigen, welche die heutige Gesellschaft in Klassen scheiden.

Da ich gerade von der socialen Frage spreche, will ich beiläufig bemerken, daß in einem am 21. Oktober 1871 in der „Neuen Zeit" von mir veröffentlichten Artikel: „Bismarck und die Internationale" sich folgende Stellen befanden:

„Bismarck weiß sehr wohl, daß hinter den socialistischen Führern Zehntausende stehen, die nichts zu verlieren, Alles zu gewinnen haben, daß hinter diesen Zehntausenden bewußter Socialisten die ganze Masse des hart arbeitenden, entbehrenden, bedrückten Volkes steht, ein unerschöpfliches Meer gährender Elemente, das seiner Kraft und der Mittel und Wege noch unbewußt, sich hier und da in großartigen, fast immer erfolglosen Strikes, in einzelnen gewaltsamen Eruptionen bemerklich macht, das aber nur der Klarheit des Zieles, der Organisation und der Führer bedarf, um eine gewaltige Macht darzustellen. Es ist daher völlig kindisch und zeugt von gänzlicher Unkenntniß des Charakters jenes Staatsmannes, wenn man mit der Miene der Ueberlegenheit die Ansicht belächelt, als könne ein Bismarck sich mit so untergeordneten Dingen befassen. Man möge sich darauf verlassen, daß die Bildung jedes neuen socialistischen Vereins in Deutschland Bismarck mehr Kopfschmerzen verursacht, als vierundzwanzig Reden der Oppositionsschwätzer. Offenbar ist er sich aber über seinen Operationsplan gegen diesen furchtbarsten aller seiner Gegner noch nicht ganz klar. Wird er Gewalt-, Unterdrückungs-Maßregeln anwenden? Einiges scheint dafür zu sprechen: die strengere Censur socialistischer Zeitungen, die Verfolgung und Einkerkerung der Führer. Dergleichen fördert aber nur die Bewegung. Das weiß Bismarck selbst. Wir glauben daher, daß er auch zu anderen Mitteln greifen wird, zu einschläfernden, besänftigenden, wie Schiedsgerichte zwischen Arbeitgebern und Arbeitnehmern, karge Unterstützungen, staatliche Organisationen à la Schulze-Delitzsch

u. s. w. Damit wird er vorübergehende Erfolge erzielen. Alle
derartige Versuche aber, die mächtig anschwellende sociale Bewegung
auch nur für einen nennenswerthen Zeitraum zu hemmen, wer=
den scheitern."

So geschrieben vor dreizehn Jahren in New-York! Darf
ich mich da, Angesichts der neuesten staatssocialistischen oder, wie
Bennigsen sie treffender nennt, polizeisocialistischen Maßregeln
des großen Kanzlers, nicht rühmen, ein ziemlich guter Prophet
gewesen zu sein?

Eine wahre Wuth hatte Heinzen gegen die Mehrzahl der
dmaaligen deutsch = amerikanischen Journalisten. Sammt und
sonders reihte er sie unter der Rubrik: „feile Lohnschreiber"
ein. Ihnen galten seine sublimirtesten Kraftausdrücke. Er
übersprudelte förmlich von Phrasen des Ekels und der Ver=
achtung. Die scharfe Geißelung, welche er ihnen fast in jeder
Nummer seines Wochenblattes, das durch die Beiträge einer kleinen,
opferwilligen Schaar unbedingter Anhänger erhalten wurde, ange=
deihen ließ, war meistentheils eine gerechte. Nur wußte er auch hier
nicht Maß zu halten. In Heinzen's Augen war der „Pio=
nier" die einzig würdige Zeitung. An ihrem Kopfe hätte sie
die der Formel des alttestamentlichen Jahwe ähnliche tragen
können: „Du sollst keine anderen Blätter lesen neben mir!"
Jene anderen Zeitungen befanden sich freilich nicht in der ange=
nehmen Lage wie die Heinzen'sche, kein Blatt vor den Mund
nehmen und um Einkünfte aus Abonnements und Anzeigen
sich nicht kümmern zu brauchen. Sie mußten, wollten sie
fortbestehen, gewisse Rücksichten nehmen auf ihr ausgedehnteres
Leserpublikum. Nur daß sie diesen Rücksichten häufig ihre Mei=
nungen unterordneten, ist nimmermehr zu billigen.

Die Presse ist das stets wachende Auge, das stets lauschende
Ohr, der stets redende Mund des Jahrhunderts — ihr Wort
das einflußreichste des Tages. Leider machen von diesem Auge,
Ohr und Mund nicht immer die Berufensten Gebrauch. Die

Macht der Presse wird geschwächt, ihr Werth beeinträchtigt, die ihr schuldige Anerkennung vermindert, weil sie häufig schlechte Vertreter hat. Soll sie ein Priesterthum sein, so muß man die Wechsler aus ihrem Tempel jagen. Bis heute wimmelt es aber darin von solchen. Ich begriff deshalb Heinzen's Wider= willen gegen die deutsch=amerikanischen Durchschnittsjournalisten. Er hatte nicht ganz Unrecht mit seiner Behauptung, in Amerika mache das Handwerk des Journalisten, für die Meisten in der That ein bloßes Handwerk, aus jedem durstigen Bummler oder verunglückten Commis, der früher in seinem ganzen Leben nicht an Schriftstellerei gedacht habe, sofort einen vollendeten „Editor".

Daß er außer in dem „Pionier" mit einem dicken Buche, dem schon angeführten „Editorencongreß", gegen jene Leute zu Felde zog, mißfiel mir jedoch um so mehr, als jener satyrisch sein sollende Roman, wenn er auch manche treffliche Gedanken enthielt, ein schwächliches Machwerk war.

Heinzen selbst sandte mir ein Exemplar desselben, mit der Bitte, ihn in der „Neuen Zeit" zu besprechen. Wollte er da= durch mich zu einer günstigen Beurtheilung bestimmen? Dann hatte er sich in mir geirrt. Ich besprach das Buch gewissenhaft, tadelte, was zu tadeln war, d. h. die ganze Anlage und den größeren Theil des Inhalts, und machte mir dadurch den Ver= fasser zum unversöhnlichen Feinde.

„Wohl ist es wahr", schrieb ich, „daß mit einzelnen Aus= nahmen die deutsch=amerikanische Presse auf einer schmachvoll tiefen Stufe steht, daß sie nicht selten auf die deutsche Bevölke= rung der Union einen verderblichen Einfluß ausübt, daß sie häufig mehr verdummt als erleuchtet, mehr zur Gemeinheit her= abzieht als erhebt, mehr irre leitet als richtige Wege weist: solche Karrikaturen jedoch, wie Heinzen sie aus den von ihm ge= schilderten Journalisten macht, sind denn doch nicht in den Ver= einigten Staaten zu finden. Augenscheinlich hält er sich für den einzig vernünftigen und ehrenwerthen unter ihnen, alle übrigen

für Dummköpfe, Lumpen und Schurken. Außerdem ist es ein
Widersinn, die „Editoren", um sie zu charakterisiren, richtiger
gesagt, zu karrikiren, so albern aus der Schule schwatzen zu
lassen, wie sie es in ihren vor dem Congreß in Cincinnati gehaltenen Reden thun, und sich selbst damit gleichsam an den
Pranger zu stellen. Der Verfasser wirft ihnen Mangel an
Wahrheitsliebe vor, und doch läßt er sie sich mit einer Offenheit
über ihre innersten und geheimsten Triebfedern und Absichten
aussprechen, die völlig undenkbar ist, selbst wenn man voraus-
setzen wollte, daß in ihnen allen die Frechheit bis zur höchsten
Potenz ausgebildet wäre. Niemand zieht sich nackt vor der
Menge aus, wenn er weiß, daß er mißgeformt ist, am Wenigsten
vor Leuten, in denen Jeder doch Konkurrenten sehen muß, die die
enthüllten Mängel und Fehler gegen ihn benützen und ausbeuten
würden. Richtiger, feiner, witziger wäre es gewesen, wenn
Einer immer des Andern schwache Seiten bloßgelegt hätte. Freilich wäre hierzu ein größeres Darstellungstalent erforderlich gewesen, als es dem Verfasser eigen zu sein scheint."

Nie hat mir Heinzen diese abfällige Kritik verziehen. In
seinem „Pionier" versuchte er unter der Ueberschrift: pro domo
et justitia eine spaltenlange, mit Anzüglichkeiten aller Art ge-
spickte Widerlegung derselben, d. h. eine Vertheidigung aller von
mir bemängelten schwachen Stellen jenes Buches. Am Meisten
schien ihn geärgert zu haben, daß ich gesagt hatte, er „male mit
einem Strauchbesen anstatt mit einem Pinsel."

Heinzen schloß: „Herr von Gagern glaubt augenscheinlich, durch seine kleinliche Jagd nach selbstgeschaffenen Dumm-
heiten, durch seine Meisterschaft in geistlosen Auslegungen und
durch sein forcirtes Umgehen der wahren Pointen eine vernichtende Kritik vollbracht zu haben. Es würde sicher jeder Ecken-
steher eine Stellung in der Litteratur einnehmen, wenn man um
so wohlfeilen Preis ein Schriftsteller werden könnte, wie Herr
von Gagern zum Kritiker wurde."

Diese pikirte Entgegnung bewies, daß meine Hiebe gesessen hatten. Er war sehr überrascht, daß Jemand es gewagt, ihn, Heinzen, in ähnlicher Weise zu behandeln, wie er gewohnt war, alle Welt zu behandeln. Uebrigens war die mir zu Theil gewordene „Abfertigung", nach seiner sonstigen Schreibweise zu urtheilen, eine äußerst höfliche. Ich nahm sie ihm darum auch nicht weiter übel.

Als ich bei unserer nächsten Begegnung ihn darauf aufmerksam machte, daß ich ja auch manche Stellen seines Romans gelobt hätte, citirte er erbost meine eigenen, auf ihn angewandten Worte: „Es ist nicht Jedermanns Sache, unter vielem Stroh sich mühsam einzelne Körner herauszulesen." „Ein Lob aus Ihrer Feder", so schloß er unsere kurze Unterhaltung, „ärgert mich mehr als ein Tadel aus irgend einer anderen."

Einige Citate aus dem in Europa wohl kaum bekannt gewordenen „Editorencongreß" mögen folgen und gleichzeitig als Heinzen'sche Stylproben dienen.

Den deutsch=amerikanischen Liedertafeln machte er den Vorwurf, „nichts weiter zu thun als zu — singen, mit Gesang, Parademachen und Biersaufen die Zeit todt zu schlagen, um ihre innere Leerheit zu verdecken." „Die Teutschen in Amerika haben freie Bewegung, aber sie haben keine allgemeine, ihnen eigenthümliche Idee, welche ihnen Volksfeste möglich macht. Ihre Feste sind daher weiter nichts als Tummelplätze für einen Vergnügungstaumel, in dem Jeder sich anarchisch umhertreibt, ohne bestimmten Anhalt und eine allgemeine Inspiration. Das Bier ist die einzige nationale Idee dabei." Und das Bier haßte er, während er ein, obwohl mäßiger Verehrer des Weines war. „Gambrinus", meinte er, „läßt sich so wenig an der Spitze eines Volksfestes denken — von diesem Begriff ist der Wein unzertrennlich — wie die Venus vulgivaga als Vertreterin der Liebe." Er erfand das parodistische deutsche Nationallied:

„O wenn ich doch ein Wallfisch wär',
Und lauter Lagerbier das Meer,
Und der Häring schwämm' als Salat umher,
Begleitet von duftendem Limburger,
Dann gäb's für mich halt kein Begehr
Und keinen Katzenjammer mehr."

Der Schluß einer barocken, an die deutschen Biertrinker ge=
richteten, natürlich nur erfundenen Rede lautete: „Sauft, bis
Ihr in der Schlempe umherschwimmt wie die Sau in der Gosse!
Sauft, bis Ihr aufschwellt zu Ballons und als Planeten Euch
von der Erde erhebt in die unendlichen Regionen der Unsterb=
lichkeit. Dort oben aber, wo die irdischen Verdienste erst ihren
ganzen Lohn finden, werdet Ihr die Entdeckung machen, daß die
Milchstraße nur eine Schaumstraße ist, unter welcher der Ocean
des kosmischen Lagerbiers fließt, der niagaramäßig daher donnert
aus den Felsenkellern der Unendlichkeit. Dort, theure Brüder,
wird unser Elysium sein."

Die Gesammtauferstehung der Menschen schildert Heinzen
wie folgt: „Ich hörte ein Blasen, als käme es aus meilenlangen
Posaunen, und als sollten seine Töne die Sterne vom Himmel
herabschmettern. Es war die Weckmusik des jüngsten Tages.
Wohin man blickte, spaltete sich die Erde, ein allgemeines Ge=
klapper ertönte, die zerstreuten Gebeine fügten sich eilig zusammen,
und ganze Processionen von Gerippen traten den Marsch nach
dem großen Appell= und Richtplatz an. Eine unübersehbare
Menge bedeckte den Plan. Auf einem erhabenen Throne saß
Gott, der Herr, mit drohendem Bart und gebieterischen Augen,
welche das lautlose Heer der Erstandenen musterten. Plötzlich
rief der Herr mit Donnerstimme: „Wo bleiben denn die Teut=
schen? Die ganze Menschheit ist versammelt, nur die Teutschen
fehlen. Wollen diese Siebenschläfer, die immer schliefen, wo
andere Völker aufstanden, sogar den jüngsten Tag verschlafen?"

„Ein teutscher Radikaler nahte sich nun demüthig dem

Thron und sprach: „Herr, ich weiß ein einfaches Mittel, meine
Landsleute zu versammeln. Verkünde ihnen, daß Du Bier ver=
zapfest.“

„Darauf rief der Herr: „Petrus, ein frisches Fäßle ange=
stochen!“

„Kaum hatte er das Wort gesprochen, als sich in der Ferne
ein Gebraus wie von der stürmenden See vernehmen ließ, und
in kürzester Zeit stürzten achtzig Millionen Teutsche auf den
Versammlungsplatz und schrieen einstimmig: „Wo ist das
Fäßle?“

Wie das Biertrinken verabscheute Heinzen das Tabak=
rauchen. Er stellte den Satz auf: „So lange die Menschen
Tabak rauchen, sind sie nicht frei und werden sie nicht frei“,
und begründete ihn folgendermaßen in seiner eigenthümlich drasti=
schen Weise: „Ich komme eben aus einer Versammlung teutscher
Radikalen. Es ist mir zu Muth, als wäre ich im Paroxismus
der Seekrankheit. Meine gebeizten Augen thränen, der Athem
ist mir versetzt, ein Erbrechen droht mir, wie ich mich bewege,
meine Kleider stinken bis auf die Haut von dem scheußlichen
Kraute, dessen Gebrauch man von den trostlosen, bestialischen
Wilden gelernt hat, und alle weibliche Gesellschaft flieht mich
wie ein Ungeheuer. Und warum das Alles? Weil ich, meiner
Principien wegen, einer Gesellschaft beiwohnen muß, die sich frei
und radikal nennt, aber weder für sich so frei ist, daß sie auch
nur auf eine Stunde das qualmende Stinkkraut entbehren kann,
noch für Andere so frei denkt, daß sie denselben die Nothwendig=
keit erspart, im Interesse der — Freiheit dieser unausstehlichen,
ekelerregenden Tortur sich auszusetzen. O wie oft habe ich mir
schon gewünscht, Menschen den Mund zupflastern zu können,
wenn sie ihn benutzten, um Unsinn zu schwatzen! Aber noch weit
öfter, wenn sie ihn als Krater für diesen erstickenden, augenzer=
störenden und verpestenden Qualm· benutzten.“

Nach dieser Expectoration, die sich dem Tractate Königs

Jakob's I. von England gegen die Nicotiana würdig an die
Seite reiht, fährt Heinzen fort: „Die Tabakraucher sind
Sklaven für sich und Tyrannen für Andere. Ist Der nicht ein
Sklave, der nicht leben, nicht einmal über die Freiheit deliberiren
kann ohne einen „Genuß", welcher durch keine Naturnothwendig=
keit bedingt ist und nur durch die Gewohnheit erträglich wird?
Und ist Der nicht ein Tyrann, der bei diesem „Genuß" nicht
die mindeste Rücksicht nimmt auf Andere, denen derselbe voll=
ständig unerträglich wird, die aber durch Rücksichten und Um=
stände an seine Gesellschaft gebunden sind? Wenn der bloße
Umstand, daß einem Menschen Dies oder Jenes einen „Genuß"
verschafft oder ein „Bedürfniß" geworden, ihn berechtigt, sich
demselben ohne Rücksicht auf Andere hinzugeben, so hört alle
Sitte und aller Anstand auf, und jede Sünde gegen die Aesthetik
ist legitimirt".

Eigenthümliche Worte im Munde Heinzen's!

Heinzen war in seinem Herzen ein guter Deutscher ge=
blieben und nebenbei etwas antisemitisch angehaucht. Die kos=
mopolitische Ader fand sich nur schwach in ihm entwickelt. Mit
täglich sich erneuerndem Schmerze empfand er die Verbannung.
Er erging sich darüber in ergreifenden Klagen und wilden
Zornesausbrüchen, die Einem die von Frau von Staël ausge=
stoßenen in's Gedächtniß zurückrufen, als sie durch Napoléon I.
verbannt und verfolgt war.

„Die Gefangenen und die Exilirten", schrieb er, „welche
für die Freiheit thätig waren, sind die ersten Reklamanten, die
die Welt zur Rechenschaft zu ziehen haben für ihre unerfüllten
Wünsche. Sich um sein Streben und seine Wünsche, kurz um
sein Leben betrogen sehen durch Gewalt, durch Tyrannei — das
ist der empörendste Gedanke, der einen Menschen zum Haß gegen
den andren entflammen kann. Je mehr Selbstgefühl und Selbst=
achtung ein Mensch besitzt, desto weniger kann ihn der Raub
gleichgiltig lassen, den Andere an seinem Glück und Leben be=

gehen. Für jeden Exilirten eine Hekatombe von Tyrannen und
Tyrannenknechten — es wäre nur ein geringer Tribut."

Jenen abgebrauchten deutschen Revolutionshelden, die in
Amerika zum größeren Theil zu Maulhelden wurden, es auch
früher wohl schon waren, und dort fortwährend sich auf die pro=
blematischen Lorbeeren beriefen, welche sie durch einige verlorene
Scharmützel und einige Monate Gefangenschaft in den „Kerkern
der Tyrannen" errungen zu haben wähnten, rückte Heinzen ge=
hörig zu Leibe. Am Meisten ärgerte ihn, daß diese Leute die
Verbannung aus dem „teutschen" Vaterlande verhältnißmäßig
leicht ertrugen. Dies bierblütige Volk läßt sich mit derselben
Ergebenheit um sein Leben betrügen, womit der Patient sich
einen Zahn ausziehen läßt. Sie nehmen das Exil wie eine
Mission oder eine Bestimmung, statt es zu nehmen als eine
Geißel, die sie Tag vor Tag zur Empörung treiben sollte. Sie
haben Dünkel im Uebermaß, aber sie haben keinen Begriff von
Selbstachtung; sie haben Antipathien genug, aber sie haben keinen
Haß. Die teutschen Exilirten haben ihr Vaterland aufgegeben,
ihr Leben abgetreten an hängenswerthe Räuber und — finden
Ersatz im Geschäftchen machen, im Biertrinken und im Singen."

Vieles Wahre enthalten die obigen Zeilen.

Würdig, ernst, bisweilen eine tiefe Empfindung verrathend
und eine große Zartheit bekundend, wurde seine Sprache eigent=
lich nur dann, wenn er für die Rechte der Frauen eintrat. Diese
besaßen an ihm einen beredten Vertheidiger, dessen Argumente,
ein wahres Meisterwerk von logischem Denken und scharf zuge=
spitzter Dialektik, noch nirgends widerlegt worden sind.

In der Frauenfrage ging ich vollständig Hand in Hand mit
ihm. Er war wie ich überzeugt von ihrem Siege, obgleich der
Tag desselben im Kalender nicht bezeichnet, der Zeitpunkt nicht
nach Monaten, Wochen, Tagen bestimmt werden könne. Aber
ein Mann des Princips, ein Freund des Rechts, ein Kämpfer
der Freiheit, ein Vertreter der Wahrheit, ein Förderer der Humanität,

dem es Ernst sei mit seiner Sache um der Sache willen, dürfe
nicht verzweifeln; er müsse Geduld und Ausdauer haben. Nun
seit 1871 hat diese Sache, vornehmlich in Amerika, nicht zu ver=
achtende Fortschritte gemacht; ihr endlicher Triumph ist unabwendbar.

Ich hoffe, später noch Gelegenheit zu finden, von meiner
eigenen Thätigkeit auf diesem Gebiete zu sprechen.

In Heinzen's mehrfach citirtem „Editorencongreß" bildet
eine deutsche Frauenconvention gleichsam die Einleitung des
Buches; als Anhang desselben sind aus früheren Jahrgängen des
„Pionier" — 1855 und 1856 — Briefe abgedruckt, welche an
Arnold Ruge in London, einen Gegner der Frauenemancipation,
geschrieben wurden. Sowohl diese Briefe wie die auf jener Con=
vention von den verschiedenen derselben anwohnenden Frauen zur
Vertheidigung ihrer Rechte gehaltenen Reden sind schlagend, über=
zeugend, hinreißend, und immer wieder liest man sie mit wahrem
Genuß. Nur verstand Heinzen absolut nicht zu individuali=
siren. Bei sämmtlichen Frauen, die er auftreten läßt, findet
man nicht nur die gleichen Ansichten wieder, sondern diese sind
fast immer in gleicher Form wiedergegeben. Sogar eine Mu=
lattin äußert sich nicht anders, wie die übrigen.

Abgesehen von dem in dieser einen Frage angewandten Styl
glich seine Rede= und Schreibweise seiner äußeren Erscheinung:
sie war meistentheils roh und plump, traf dabei aber den
Nagel auf den Kopf. Gern bewegte sie sich in Ueber=
treibungen. Seine Charakteristiken waren Verzerrungen, seine
Satyre eine Zusammenhäufung von Insulten; anstatt mit Nadeln
zu stechen, schlug er mit Keulen drauf los.

Unzweifelhaft war Karl Heinzen von der Natur mit
scharfem Verstande und großer geistiger Energie begabt. Auch
besaß er nicht gewöhnliche Kenntnisse, wenn auch auf keinem
Felde der Wissenschaft besonders gründliche. Ferner war er,
wie ich es schon lobend hervorgehoben habe, von unerschütter=
licher Ueberzeugungstreue. Niemals hat er sich auf Com=

promisse eingelassen. Von keiner Seite kann ihm der Vorwurf
gemacht werden, daß er aus selbstsüchtigen Rücksichten oder
aus moralischer Feigheit das, was er als wahr und recht er=
kannt, verschwiegen hätte. Diesen guten Eigenschaften standen
aber gegenüber die Maßlosigkeit seiner Ansichten, die Rücksichts=
losigkeit, mit der er sie aussprach), und die Unleidlichkeit seines
persönlichen und schriftlichen Verkehrs, entsprungen aus der über=
hohen Meinung, die er von seiner eigenen geistigen Größe hatte.
Während er seine Gegner mit Koth bewarf, wurde er wüthend
wie ein vom Picador gestochener Stier bei der leisesten an ihm
selbst geübten Kritik. Trotz häufiger Rencontres konnte ich ihn
eigentlich gut leiden; für einen andauernden freundschaftlichen Um=
gang taugte er aber nicht.

Seit fast vier Jahren ist Heinzen todt; er starb am
12. November 1880 im Alter von 72 Jahren. Eine unleug=
bare Kraft ist mit ihm zu Grunde gegangen, die, gehörig ge=
zügelt, viel Gutes für den Fortschritt hätte leisten können. So
aber hat er den von ihm vertheidigten Theorien eigentlich ge=
ringen Nutzen gebracht. Wie viel er sich auch auf seine Frei=
sinnigkeit zu gut that, im Grunde genommen war er ein voll=
kommener Autokrat, und, sich für unfehlbar haltend, in logischem
Widerspruch ein unduldsamer Papst des Radikalismus.

Erzherzog Ferdinand Max.

Es ist ein liebenswürdiger Zug in der Culturmenschheit, dem die Vorschrift de mortuis nil nisi bene ihren Ursprung verdankt. Ich stehe auch nicht an, deren Befolgung zu befürworten, doch allein am Rande des Grabes, in das man eben erst einen für immer aus unserer Mitte Geschiedenen versenkt hat; da ziemt es sich, den Schleier zu breiten über die Fehler, welche Jenen verunziert haben mögen. Personen, die der Geschichte angehören, gebührt aber unter allen Umständen eine rücksichtslosere Behandlung. Die Geschichte darf nicht gefälscht werden.

Und doch geschieht es nur allzuhäufig. Wie oft schwanken auf ihren Seiten Charakterbilder, „von der Parteien Gunst und Haß verwirrt!" Hauptsächlich wenn den Tod solcher Personen besonders tragische Umstände begleiteten, empfinden Viele eine fast unwiderstehliche Neigung, deren Andenken mit ungerechtfertigter Verklärung zu umgeben. Karl I. von England, Ludwig XVI. von Frankreich würden sicher weniger günstig von der Nachwelt beurtheilt worden sein, wäre ihr Kopf nicht auf dem Schaffot gefallen. Keine kleine Mühe hat es unparteiischen Geschichtsforschern gekostet, den Wust von Legenden zu zerstören, welche ein falsch verstandenes Mitleid um ihre Erscheinungen gewoben hatte. Durchschlagenden Erfolg erzielten sie damit erst, als bereits eine geraume Zeit seit der Hinrichtung derselben verflossen war.

Es ist deßhalb eine wenig dankbare Aufgabe, den öster=
reichischen Erzherzog, der den mißlungenen Versuch, monarchische
Institutionen im republikanischen Amerika einzubürgern, mit dem
Leben büßen mußte, kaum anderthalb Decennien, nachdem in der
Frühe des 19. Juni 1867 die ergreifende Katastrophe am Fuße
des cerro de las campanas bei Querétaro sich abgespielt hat,
ohne jedwede Schönfärberei zu schildern.

In tief empfundenen Versen besang sie der Dichter Gerok:

> „Noch einen Blick siegfreudig himmelwärts
> Gen Osten, in der Morgenröthe Flammen —
> Die Salve kracht; sechs Kugeln in sein Herz —
> Und zuckend sinkt sein Leib im Sand zusammen;
> Zwei treue Herzen noch zerreißt das Blei,
> Dann sinkt das Bahrtuch auf die blut'gen Glieder,
> Das bange Trauerspiel, es ist vorbei,
> Und langsam rauscht der Vorhang nieder."

Noch immer, namentlich an dem Tage, an welchem vor
Jahren der kriegsgerichtliche Spruch an dem Erzherzoge Ferdi=
nand Max vollstreckt wurde, lüften Verwandte, Freunde, An=
hänger und Bewunderer diesseits wie jenseits des atlantischen
Oceans mit pietätvoller Hand diesen Vorhang, um den Manen
des Kaisers den Tribut ihrer Liebe und Dankbarkeit darzubringen.
Auch ich will, obwohl mir vor, während und nach der kurzen
Episode des mexikanischen Kaiserreiches als langjährigem Adoptiv=
bürger der Republik Mexiko durch die gebotene Anhänglichkeit,
durch den Fahneneid und durch politische Ueberzeugung mein
Platz in den Reihen der Gegner Maximilian's angewiesen
war, mich Jenen anschließen, um gleichfalls ein Gedenkblatt auf
seinen Sarg niederzulegen. Ich werde mich aber bemühen, daß
es voll und ganz der Wirklichkeit entspreche. Gern will ich ver=
gessen, daß mit dem Schwert und mit der Feder ich ihn be=
kämpft habe. Doch neben seinen Vorzügen werde ich auch seine
Schwächen nicht verschweigen.

Als ich im Herbst 1875 das herrliche Schloß Miramar besuchte, sah ich im sogenannten Thronsaal ein Wandgemälde, das Maximilian's Apotheose darstellt. Während er, von dem Purpurmantel umwallt, mit emporgestreckter Linken sich selbst gleichsam den Weg zum Himmel weist, knien zu seinen Füßen ihm tropische Früchte darreichende Indianerinnen, umschweben ihn Blumen streuende Genien, und ein Engel verzeichnet mit goldenem Griffel auf einer Pergamentrolle die Ruhmesthaten des ·Kaisers.

In diesem Sinne ist beinahe Alles, was über ihn geschrieben wurde, verfaßt. Angesichts seines heldenmüthigen Todes war es leicht, „ihn den Herzen menschlich näher zu bringen", um so leichter, als schon zu seinen Lebzeiten Wenige sich dem bestrickenden Zauber seiner sympathischen Persönlichkeit zu entziehen vermochten.

Der republikanische Oberst Miguel Palacio, dem die Bewachung Maximilian's während seiner Gefangenschaft im früheren Kloster der Kapucinerinnen in Querétaro anvertraut gewesen war, reichte, von der Hinrichtungsstätte zurückkehrend, wie Dr. Basch, des Kaisers Leibarzt, in seinen „Erinnerungen aus Mexiko" erzählt, diesem, indem er nur mühsam die Erschütterung, die sich seiner bemächtigt hatte, unterdrückte, die Hand und sagte mit gepreßter Stimme:

„Era una alma grande" — es war eine große Seele.

Wie ich Palacio, der eine Zeit lang unter meinem Commando stand, kenne, glaube ich, daß er damals so gesprochen hat, denn diese Worte sind das treue Echo der inneren Herzensmeinung sämmtlicher edlen Republikaner Mexikos. Dieselben tragen dem Fürsten, der von Osten her über das weite Meer gekommen war, um die von ihnen unter furchtbaren Anstrengungen, Kämpfen und Leiden gegründete freisinnige Verfassung ihres Vaterlandes zu vernichten, über das Grab hinaus keinen Groll nach; aber wir wollen und dürfen nicht gestatten, daß die Mo-

narchisten aller Länder das Opfer vom „Glockenberge" reiner
hinstellen, als es war, um auf diese Weise das angebliche
„Blutconto" der Republik zu beschweren.

Sehr anders wird Maximilian in dieser Beschreibung erscheinen als in den meisten der bisher über ihn veröffentlichten.
Ich kann mich dabei auf Thatsachen stützen, deren Augenzeuge
ich zum großen Theil gewesen bin, sowie auf authentische, in
Europa wenig oder gar nicht gekannte Dokumente, die mir zur
Verfügung stehen. Ich glaube demnach im Stande zu sein, die
vorwiegend der Phantasie entsprungenen Skizzen, welche bis jetzt
von ihm entworfen wurden, durch eine weniger schmeichelhafte,
dafür aber wahrheitstreuere zu ersetzen.

Vorerst muß ich jedoch, um wenigstens einigermaßen in
diesen Aufzeichnungen die chronologische Ordnung inne zu halten, da
ich im vorigen Abschnitt gezwungen war, in der Erzählung meiner
persönlichen Erlebnisse um mehrere Jahre vorauszueilen, weil ich
die Charakteristik Karl Heinzen's zum Abschluß bringen wollte
zum Sommer 1865 zurückkehren.

Wenige Tage vor meiner Ankunft in New-York war dort
Manuel Doblado im Exil gestorben. Sein Name ist in der
Geschichte zu eng mit der französischen Expedition gegen Mexiko
verknüpft, als daß ich ihm hier nicht einen kurzen Nachruf widmen
sollte. Im Laufe dieser „Erinnerungen" habe ich seiner schon an
verschiedenen Stellen gedacht und sowohl von dem Conflikt gesprochen, den ich 1862 mit ihm hatte, wie von dem diplomatischen Siege, welchen er als Minister des Aeußern des Präsidenten Juarez über die Vertreter Spaniens, Englands und
Frankreichs durch die Friedenspräliminarien von La Soledad
davontrug. 1818 von armen Eltern in Guanajuato geboren und
früh verwaist, mußte er fast ohne jede fremde Unterstützung sich
seinen Weg durch das Leben bahnen. Er war jedoch mit großer
Energie begabt, und so gelang es ihm, hohe Stellungen zu erklimmen.
Erst wurde er Advokat, dann Richter am obersten Gerichtshof

seines Staates, mehrmals Gouverneur desselben, eine Zeit lang
Mitglied des Föderalcongresses und schließlich Minister. Als
nach dem Falle von Puebla und der Einnahme der Hauptstadt
der Krieg, weil die Regierung über keine organisirten Truppen
mehr verfügte, mexikanischerseits zunächst nur von oft wenig dis-
ciplinirten Guerrillas weiter geführt wurde, wollte Doblado die
bei dieser Kampfweise unvermeidlichen Ausschreitungen nicht mit
seiner Autorität decken und verließ das Land, um sich nach New-
York zurückzuziehen. Wahrscheinlich hatte ihn in diesem Entschluß der Umstand bestärkt, daß der Einfluß, welchen er früher
auf Juarez ausübte, allmälig geschwunden war. Doblado
sah sich nämlich von dem jesuitisch schlauen Sebastian Lerdo
de Tejada verdrängt, dessen glatte Umgangsformen und ge-
schmeidiges Benehmen einen äußerlich wohlthuenden Contrast bildeten zu seinem eigenen selbstbewußten, rücksichtslosen, beschlshaberi-
schen Auftreten. Unleugbar war er ein geschickter Staatsmann,
doch ein schlechter Republikaner, denn sein Wille, bisweilen sogar
seine Laune, galt ihm höher als jedes Gesetz. Doblado starb
gerade zwei Jahre früher als Maximilian, am 19. Juni 1865.

Ein Unglück für Mexiko war es, daß der amerikanische
Secessionskrieg so kolossale Summen verschlungen und der Union
eine Schuldenlast von drei Milliarden Dollars aufgebürdet hatte.
Andernfalls wäre es uns wohl leichter geworden, in der reichen
Nachbarrepublik eine Anleihe abzuschließen, deren Ertrag es unserer Regierung ermöglicht hätte, wirksamer und erfolgreicher den
Feldzug gegen die Franzosen, Oesterreicher, Belgier und Verräther
fortzusetzen. So aber blieb man in Washington taub gegen
unsere wiederholt ausgesprochenen Wünsche, uns mit Geld zu Hilfe
zu kommen; den Amerikanern war natürlich das eigne Hemd
näher als der fremde Rock. Auch die Kassen der Privatcapita-
listen waren durch die vielfachen an sie seitens der Unions-
regierung ergangenen Forderungen zu sehr in Anspruch genommen
worden, als daß sie für uns größere Summen hätten flüssig

machen können. Dem Vorschlag, welchen General José Maria
Carvajal dem Präsidenten Juarez gemacht hatte, solche in
New=York aufzutreiben, mußte deßhalb von Anfang an ein Fiasco
vorausgesagt werden, um so mehr als der Unterhändler eine für
derartige Geschäfte wenig geeignete Persönlichkeit war. Carvajal,
in Texas geboren, aber nach dem durch Santa Anna's un=
geschickte und unglückliche Kriegführung bewirkten Verluste jenes
Staates mexikanischer Bürger geblieben, bildete sich zwar große
Stücke auf sein financielles Talent ein; in diesem Falle hat er
es jedoch nicht bewährt. Seine Bemühungen, die von ihm aus=
gestellten und seinen Namen tragenden Bons in der Höhe von
30 Millionen Dollars zu placiren, erzielten einen nur sehr ge=
ringen Erfolg, und auch dieser wurde mit unverhältnißmäßig großen
Opfern erkauft, deren Last die Republik noch heute zu tragen hat,
da sie sich verpflichtet sieht, jene ursprünglich ziemlich werthlosen
Bons zu einem weit höheren Curse einzulösen. Die Anleihe
wurde lancirt und dieses Ereigniß durch einen splendiden Lunch
mit den obligaten patriotischen, in englischer und spanischer
Sprache ausgebrachten Toasts gefeiert. Die Sache war aber
mehr show als Wirklichkeit, da Carvajal sich von Spekulanten,
wie Woodhouse, Corlies und Anderen hatte umgarnen lassen,
denen selbst keine Mittel zur Verfügung standen, und welchen es
einzig und allein um das Einstreichen fetter Provisionen zu thun war.

Auch ein Deutsch=Amerikaner, ein früherer Oberst Sturm,
gewährte dem Geschäft seine Mitwirkung, indem er die Mit=
glieder des Congresses, ich glaube, durch das Versprechen peku=
niärer Vortheile, für den Plan günstig zu stimmen und außer=
dem die Ueberlassung von Waffen zu vermitteln suchte. In
beider Hinsicht war er trotz aller von ihm gethanen Schritte
ziemlich unglücklich.

Wie begreiflich, interessirte ich selbst mich lebhaft für diese
Geldangelegenheit. Auf die Aufforderung Carvajal's half
ich ihm bei seinen Vorarbeiten. Außerdem schrieb ich in einer

viel gelesenen New=Yorker deutschen Zeitung im Januar 1866 Folgendes:

„Bereits am 25. September 1861, also mehr als einen Monat vor Abschluß der Londoner Convention, hatte der die Würde seines Landes stets mit ebenso großer Energie wie Intelligenz vertretende und vertheidigende amerikanische Gesandte in London, Mr. Adams, welcher von den Pourparlers zu einer mexikanischen Expedition gehört hatte, dem englischen Minister des Aeußern, Lord John Russell, einen Vorschlag unterbreitet, welchen die Vereinigten Staaten England und Frankreich zu machen beabsichtigten, um eine europäische Intervention in Mexiko zu verhindern. Dieser Vorschlag bestand darin, die von den Unterthanen der erwähnten Mächte — von Spanien war nicht die Rede — reklamirten Summen zu kapitalisiren und hieraus eine Schuld zu bilden, deren Interessen die Vereinigten Staaten sich verpflichten würden zu zahlen, bis Mexiko selbst seinen Verbindlichkeiten nachzukommen vermöchte. Lord Russell antwortete mit dem Gegenvorschlage, die Vereinigten Staaten sollten den gegen Mexiko zu combinirenden Maßregeln beitreten. Da jedoch auf diese Weise der Zweck der Regierung von Washington, irgend welcher Einmischung europäischer Mächte in die Angelegenheiten des westlichen Welttheils vorzubeugen, nicht erreicht worden wäre, so hatte Mr. Adams' Eröffnung keine weiteren Folgen.

„Also schon im September 1861 war das Cabinet des „weißen Hauses" von der Absicht beseelt, Mexiko mit einer Geldsumme zu unterstützen, ihm hierdurch die Schrecken eines Krieges, sowie die mögliche Schmach einer fremden Eroberung zu ersparen und dabei gleichzeitig die Grundprincipien seiner eigenen internationalen Politik zu wahren. Wenn es dazumal ihm nicht vergönnt war, diese Absicht auszuführen, so hindert nichts dasselbe, es heute noch und auf eine weit leichtere, bequemere und weniger kostspielige Weise zu thun.

„Nach den unzweideutigen Erklärungen des Congresses,
nach dem Inhalt des jüngst veröffentlichten diplomatischen, auf
die mexikanische Frage Bezug habenden Notenwechsels zwischen
den Vereinigten Staaten und Frankreich, endlich nach den von
neun Zehnteln der amerikanischen Tagespresse ausgesprochenen
und unzweifelhaft die Gesinnung von neun Zehnteln der amerikanischen Bevölkerung repräsentirenden Ansichten ist man hier über
zwei Punkte völlig einig:

„Erstens: unbedingte Aufrechthaltung der Monroedoktrin
und der feste Entschluß, nie und nimmermehr Maximilian's
auf den Trümmern einer Republik gegründetes Kaiserreich anzuerkennen;

„Zweitens: der natürliche Wunsch, nach dem vierjährigen
verheerenden Bürgerkriege sich nicht von Neuem in einen Krieg
zu stürzen, dessen Tragweite, Ende und Folgen kein politischer
Prophet vorauszubestimmen im Stande ist.

„Wie nun diese beiden einander entgegengesetzten Punkte
durchführen, ohne daß weder der erste noch der zweite abgeschwächt
werde?

„Es giebt nur ein Mittel, die Gegensätze zu vereinen, und
dieses besteht darin, der Regierung der mexikanischen Republik
pekuniären Beistand zu leihen.

„Nach dem bekannten Satze Montecuculi's gehören zur
Kriegführung drei Dinge: Geld, Geld und Geld. Wir disponiren
augenblicklich über keine regelmäßigen Staatseinkünfte; wir können aus diesem Grunde den Krieg nicht anders als in irregu-
lärer Weise und darum mit keinen durchschlagenden Resultaten
führen.

„Gebt uns Geld, und wir können uns Waffen kaufen. Für
jedes in Mexiko eingeführte Gewehr haben wir sofort einen
wackern Kämpfer, um es zu tragen und auf die fremden Eroberer und einheimischen Verräther loszuschießen.

„Gebt uns Geld, und unsere Soldaten werden ihren Sold

ausgezahlt erhalten und nicht, wie es jetzt der Fall ist, sich vor=
zugsweise mit der gegenwärtig oft schwer zu lösenden Magen=
frage zu beschäftigen haben, hiermit nicht selten die beste Gelegen=
heit verlierend, den Feind zu schlagen.

„Gebt uns Geld, und die republikanischen Truppen werden
nicht mehr genöthigt sein, vom Lande selbst zu leben, sich Nah=
rungsmittel zu verschaffen, wo und wie sie solche bekommen kön=
nen, und sich hierdurch natürlich die Sympathien der besitzenden
Klassen zu entfremden, die, wenn auch zum Theil von Herzen
gut republikanisch, jetzt dem Kaiserreiche unterworfen erscheinen.

„Wir bedürfen nicht einmal eines direkten Vorschusses.
Unsere Regierung hat hier eine für die Bonskäufer höchst vortheil=
hafte Anleihe auf den Markt gebracht. Der Congreß hat nur
der Regierung vorzuschreiben, die Garantie dafür zu übernehmen
— eine jedenfalls weit geringere, als die von Mr. Adams im
September 1861 vorgeschlagene war — und in drei Tagen
sind unsere sämmtlichen Bons verkauft, und wir befinden uns in
der Lage, uns ganz allein alle unsere Feinde vom Halse zu
schaffen.

„Keineswegs würde durch diese Garantiegewährung das
Neutralitätsprincip verletzt werden. Hat nicht die französische
Regierung in mehr oder weniger direkter Weise die beiden von
Maximilian in Paris placirten Anleihen, welche sich auf den
Nominalwerth von 80 Millionen belaufen, und von denen kaum
8 Millionen in seine Kassen geflossen sind, garantirt? Die Union
ahmt, wenn sie für die vom General José Maria Carvajal
im Namen unserer Regierung ausgegebenen das Nämliche thut,
lediglich Frankreichs Beispiel nach. Erkennt jenes Maximilian
an, so existirt für diese nur Präsident Juarez. Drouyn de
l'Huys hat ja selbst kürzlich spöttisch dem amerikanischen Ge=
sandten Bigelow geantwortet, die Vereinigten Staaten sollten
doch Mexiko gegenüber ebenso handeln, wie Frankreich es gethan.
Gut, so folge man diesem Rathe, so gebe man uns in Washington

die gewünschte Garantie für die 30 Millionen, und die Republik Mexiko wird gerettet werden, die Monroedoktrin in Kraft erhalten bleiben."

Niemals zuvor war in Amerika soviel über diese Doktrin gesprochen und geschrieben worden als während des kurzen Bestandes des mexikanischen Kaiserthums. In öffentlichen Sympathie-meetings für die „oppressed sister republic" wurde sie ver-theidigt, so in einem im Cooper-Institut in New-York am 18. Juli 1865 abgehaltenen, wo auch mehrere mexikanische Ver-bannte, unter ihnen Zarco, der Journalist und Ex-Minister, dessen Charakteristik ich bereits im vorigen Abschnitt gegeben habe, das Wort ergriffen, und von hervorragenden Juristen und Poli-tikern analysirt und commentirt. Wenn nun auch dieselbe in Europa ihrer allgemeinen Tendenz nach bekannt ist, so dürfte dies doch weniger hinsichtlich ihrer Entstehungsgeschichte der Fall sein, und da scheint es mir gerade an dieser Stelle angezeigt, einige Worte darüber zu sagen.

Die Monroedoktrin ist historisch auf einen — englischen Staatsmann zurückzuführen. Canning war es, der Minister des Aeußern, welcher gegenüber der heiligen Allianz und in der Furcht, sie trachte darnach, die von Spanien auf dem westlichen Continente verlorenen Colonien, deren Unabhängigkeitsbestrebungen England mit Rücksicht auf seine Handelsinteressen unterstützt hatte, zurückzuerobern, dem damaligen amerikanischen Gesandten in London, Mr. Rush, im August 1823 den Vorschlag machte, die beiden Regierungen möchten eine gemeinsame Erklärung ver-öffentlichen, worin sie sich gegen diesen Plan aussprechen sollten. In der von Canning entworfenen Erklärung hieß es, daß der Versuch zur Wiedergewinnung der Colonien hoffnungslos, daß ihre Anerkennung als unabhängige Staaten nur eine Frage der Zeit sei, daß die beiden Mächte nicht beabsichtigten, etwaigen freundschaftlichen Arrangements zwischen Spanien und seinen früheren Colonien Hindernisse in den Weg zu legen, daß sie aber

gegen eine Uebertragung derselben an eine dritte Macht nicht
gleichgiltig sein könnten. Mr. Rush antwortete dem britischen
Minister, daß er die Verantwortlichkeit einer solchen Erklärung
gern übernehmen wolle, vorausgesetzt, England erkenne vorher die
Selbstständigkeit jener Colonien an, was seitens der Vereinigten
Staaten bereits geschehen war. Zu jener Zeit war Canning
jedoch noch nicht Willens, diesen entscheidenden Schritt zu thun,
und die gemeinsame Erklärung unterblieb. Der amerikanische
Gesandte aber berichtete über die Sache an den damaligen Staats-
sekretär John Quincy Adams nach Washington, und Präsident
James Monroe, nachdem er sich beim Expräsidenten Jefferson
Raths erholt hatte, flocht in seine Jahresbotschaft vom 12. De-
zember 1823 folgenden Passus ein:

„Es ist ein Princip, welches die Rechte und Interessen der
Vereinigten Staaten involvirt, daß der amerikanische Continent
vermöge der freien und unabhängigen Lage, die er errungen hat,
in Zukunft nicht mehr als Gegenstand für zukünftige Colonisation
durch irgend eine europäische Macht angesehen werden darf. Wir
sind es daher der Aufrichtigkeit und den zwischen den Vereinigten
Staaten und den europäischen Mächten bestehenden freundschaftlichen Beziehungen schuldig, zu erklären, daß wir jeden Versuch
ihrerseits, ihr System über irgend einen Theil dieser Hemisphäre
auszudehnen, als für unsern Frieden und unsere Sicherheit gefährlich betrachten müßten.“

Dies der Wortlaut der Monroedoktrin.

Allerdings ist dieselbe niemals ausdrücklich durch einen internationalen Vertrag bestätigt worden. Thatsächlich bildet sie
aber die Grundlage der amerikanischen Politik gegenüber der alten
Welt.

Keine europäisch - monarchische Intervention also in amerikanische Angelegenheiten! Amerika für die Amerikaner! Und, was
eng damit zusammenhängt, für die republikanische Staatsform!

Auch die Regierung des „weißen Hauses“ rief in ihren

1865 und 1866 mit dem Kabinet der Tuilerien gewechselten
Noten diese Doktrin an, und ich verkenne nicht, daß durch den
vom Staatssekretär Seward darin angeschlagenen Ton, der sich
bisweilen zu förmlichen Drohungen verstieg, uns insofern indirekt
bedeutend genützt wurde, als sich Louis Napoléon, der für
einen eventuellen Conflikt mit Preußen möglichst gut gerüstet sein
wollte, in seinem Entschluß, die französischen Truppen aus Mexiko
zurückzuziehen, bestärkt sah. Bei dieser Gelegenheit benahm sich
die französische Regierung geradezu memmenhaft. Nachdem sie
die Conföderirten als Kriegführende anerkannt hatte, ohne ihnen
indeß, von ihrem Standpunkte aus unklugerweise, materiellen Bei=
stand angedeihen zu lassen, gab sie nach dem Siege des Nordens
allen, noch so peremtorisch von Washington aus an sie gestellten
Forderungen in demüthigster Weise nach und beeilte, ja über=
stürzte die Einschiffung des Expeditionscorps, ohne Rücksicht zu
nehmen auf die exponirte Lage, in der Maximilian zurückblieb,
nur um Weiterungen mit den Vereinigten Staaten zu vermeiden.

Von anderweitiger den mexikanischen Republikanern ge=
währter Unterstützung war jedoch wenig zu merken. Nur mit
schönen Worten und Reden zeigte man sich freigebig gegen uns.

Präsident Lincoln soll einmal an Juarez geschrieben
haben: „Wir befinden uns nicht in offenem Kriege mit Frank=
reich; aber rechnen Sie auf Geld, auf Kanonen und auf Frei=
willige, deren Absendung wir begünstigen werden." Ebenso sollen
in dem Gepäcke, welches General Comonfort nach seiner Nieder=
lage am 8. Mai 1863 bei San Lorenzo hatte im Stiche lassen
müssen, Dokumente aufgefunden worden sein, welche die thätige
Mitwirkung der Vereinigten Staaten bestätigt hätten.

Ich bin nicht in der Lage, die Wahrheit dieser beiden vom
Grafen Kératry in seinem Buche: „Kaiser Maximilian's Er=
hebung und Fall" gemachten Behauptungen zu controliren. Ent=
schieden unrichtig ist aber, daß wir Waffen anders als für unser
Geld von unseren Nachbarn erhalten haben, und auch dann nur

mit großer Mühe; unrichtig ferner, daß „die siegreichen Yankees in Menge die Grenzen von Texas überschritten und sich zu raub= lustigen juaristischen Guerrillas bildeten."

Die Zahl solcher Freiwilligen war eine so verschwindend kleine, daß sie gar nicht in's Gewicht fällt. Niemand kann dies besser wissen als ich, weil ich damals, wie ich gleich erzählen werde, mich Monate lang in einer militärischen Stellung an jener Grenze aufgehalten habe.

Von Geldvorschüssen seitens der Regierung von Washington war vollends keine Rede.

Nichtsdestoweniger kam eine kleine Summe zusammen, und wir aus der französischen Kriegsgefangenschaft zurückgekehrte Officiere wurden endlich in den Stand gesetzt, die Weiterreise nach unserem Vaterlande anzutreten.

Bevor ich New=York Anfangs Juni 1866 verließ, um mich über Chicago, Saint Louis, New=Orleans und Galveston nach Matamoros am Rio Grande zu begeben, wurde ich durch unsern Gesandten Romero dem General Ulysses Sidney Grant vorgestellt.

Ich habe nie besonders viel von diesem eine Zeit lang in Amerika überschwänglich gefeierten Manne gehalten, weder als Menschen, noch als Politiker, noch selbst als Militär. Er war und — ist in hohem Grade selbstsüchtig. Während seiner zwei= fachen Präsidentschaft zog er den noch gegenwärtig einen großen Theil der republikanischen Partei durchfressenden Krebsschaden einer beispiellosen Corruption groß, betheiligte sich auch wohl per= sönlich oder durch seine Angehörigen an manchen unsaubern Spe= kulationen, und obgleich er bei seinen kriegerischen Unternehmungen bisweilen persönlichen Muth zeigte und richtige Dispositionen zu treffen verstand, wurde er doch in den meisten Fällen durch ein seltenes, nicht immer verdientes Glück begünstigt. Daß er den Oberbefehlshaber der südstaatlichen Truppen, General Lee, bei Richmond, Virginien, zur Capitulation zwang und damit den

Bürgerkrieg zu einem für die Union günstigen Ende brachte, ver=
dankte er einmal der großen numerischen Ueberlegenheit der Nord=
armee, dann der Rücksichtslosigkeit, mit welcher er seine Leute in
den wiederholten Stürmen, häufig ohne zwingenden Grund, hin=
opferte.   Die strategische Lehre, möglichst große Erfolge mit mög=
lichst geringen Opfern zu erringen, schien er nicht zu kennen.
Die Soldaten waren für ihn lediglich Kanonenfutter.   Freiherr von
der Goltz stellt in seiner Brochüre „das Volk in Waffen" mit
besonderer Beziehung auf das Kriegswesen die nicht unrichtige Be=
hauptung auf, die Fehler, welche in der Herzensgüte ihren Ur=
sprung haben, seien die gefährlichsten.   Nun, in einen derartigen
Fehler ist Grant gewiß niemals verfallen!

Seine äußere Erscheinung war unsympathisch, der Ausdruck
seines mit einem kurzen, dichten Vollbart bedeckten Gesichts ein
finstrer, in den Augen lag kühle Gleichgültigkeit, seine Umgangs=
formen entbehrten jedes gesellschaftlichen Schliffes — wenigstens
damals.   Im dreiundvierzigsten Jahre stehend, machte er den Ein=
druck eines weit älteren Mannes.

Grant empfing mich, seiner Gewohnheit gemäß, mit der
Cigarre im Munde, schüttelte mir die Hand, murmelte in Er=
widerung auf meine Ansprache einige halbverständliche Worte
und entließ mich mit einer steifen Kopfbewegung.

Merkwürdigerweise sind die drei Generale, welche auf Seite
des Nordens die Hauptrolle im amerikanischen Bürgerkriege ge=
spielt haben, Grant, Sherman und Sheridan, von denen
ich die beiden letzteren ebenfalls später kennen lernte, zugleich die
drei größten Raucher in der Union.   Sie unterscheiden sich aber
erheblich in der Art, wie sie ihrer Lieblings=Leidenschaft fröhnen.
Auf der tiefsten Stufe steht in dieser Hinsicht Sherman.   Ihm
ist jede Cigarre recht, was nicht ausschließt, daß er eine gute
zu würdigen weiß.   Er raucht, als ob er eine Pflicht zu absol=
viren hätte und so schnell als möglich damit fertig zu werden
wünschte.   Sein Rauchen ist ein theilweises Kauen; mindestens

die halbe Cigarre zerbeißt er, während die andere Hälfte in
Dampf aufgeht. So lange er sie im Munde hat, spricht er
nicht; muß er auf eine Frage antworten, so legt er in der Regel
die Cigarre fort, vergißt aber, wo er sie gelassen, und zündet sich
sofort eine andere an. In Folge dieser Gewohnheit pflegen in
den von ihm bewohnten Räumen alle Möbel mit Cigarrenstum=
meln bedeckt zu sein. Seine Officiere nannten diese: „die In=
validen aus Sherman's Armee." Bei seiner Zerstreutheit
kommt es ihm häufig vor, daß, wenn er von Jemand die bren=
nende Cigarre erbeten hat, um die seine daran anzuzünden, er
erstere auf den Boden wirft, anstatt sie ihrem Eigenthümer zu=
rückzugeben. Grant verdampft besseres Kraut, nimmt aber die
Cigarre auch während des Sprechens nicht einen Augenblick aus
dem Munde, so daß es Mühe kostet, ihn zu verstehen. Viel=
leicht erklärt sich hieraus seine Unlust, sich in eine längere Unter=
haltung einzulassen oder gar Reden zu halten. Er betrachtet das
Rauchen als eine natürliche Function des Menschen und erfüllt
sie, wie jede andere, ohne sonderlichen Genuß. Eine ausgegan=
gene Cigarre brennt er niemals wieder an, sie gilt ihm wie
eine verlorene Schlacht, an die er sich nicht mehr erinnert.
Fünfzig Stück pro Tag ist sein normales Quantum! Sheridan
ist ein Gourmand im Rauchen. Er hat stets die besten Cigarren
zur Verfügung. Mit wahrer Wollust zieht er den Rauch durch
die Nase; die Spanier nennen das: „dar el golpe." Er kann
aber durchaus nichts Anderes daneben thun. Trotzdem unter=
bricht er sich fortwährend, läßt die Cigarre ausgehen und muß
sie von Neuem anzünden. Er sagte von sich selbst, daß es in
der Welt keinen größeren Vertilger von Streichhölzern gebe als
ihn; auf je eine Cigarre komme eine halbe Schachtel; das sei
aber auch seine einzige Verschwendung. „Hätte ich so viele Dol=
lars, meinte er, als ich in meinem Leben Streichhölzer con=
sumirt habe, ich wäre reicher als Vanderbilt." Halbverkohlte
Holzstückchen liegen deßhalb in Masse auf dem Boden seines

Zimmers umher und tragen nicht gerade zu dessen Sauberkeit bei, wie ich Gelegenheit hatte, mich zu überzeugen, als ich ihm auf der Durchreise in New-Orleans meine Aufwartung machte, um ihm für seine Bereitwilligkeit zu danken, mich und einige Kameraden auf einem Regierungsdampfer nach Matamoros befördern zu lassen.

Mit General William Tecumseh Sherman war ich schon vorher in Saint Louis, Missouri, zusammengetroffen. Ich mußte mich dort einige Tage aufhalten und folgte gern der vom General Brown, dem militärischen Befehlshaber in jener Stadt, an mich ergangenen freundlichen Einladung, an einer Vergnügungsfahrt Theil zu nehmen, die zu Ehren des Tags zuvor zufällig dort angelangten Generals Sherman von theils „ausgemusterten" theils noch im Dienst stehenden Officieren der Bundesarmee veranstaltet worden war und sich mit einem Dampfer stromaufwärts bewegen sollte.

Ich hatte von Sherman als Militär eine weit bessere Meinung als von dem Sieger bei Vicksburg, Chattanooga und Richmond. Sein kühner Zug durch Georgien nach Savannah steht unübertroffen in der Kriegsgeschichte da.   Grant, unter dessen Oberbefehl er sich damals befand, billigte anfänglich nicht dieses Unternehmen. Sherman mußte wiederholt vergeblich um die Erlaubniß nachsuchen, es ausführen zu dürfen. Am 1. Oktober 1864 schrieb er ihm: „Warum sollte es nicht angehen, daß ich Atlanta zerstöre und dann durch Georgien nach Savannah und Charleston marschire, Bahnen aufreißend und unersetzlichen Schaden anrichtend?" Er erkannte die strategische Nothwendigkeit, „die Dinge nach dem Meere zu verlegen", wie er sich ausdrückte, die Küste zu erreichen und sich in Verbindung mit der Flotte zu setzen. Endlich am 2. November erlangte er Grant's Zustimmung.   Am 12. November brach er auf, am 21. December hatte die geniale Expedition mit auffallend geringen Verlusten — 567 an Todten, Verwundeten und Vermißten von

einer 66,000 Mann starken Armee — nachdem man 300 englische
Meilen in 27 Tagen zurückgelegt, ihr Ziel erreicht. Sherman
verstand es besser als Grant, seine Leute zu schonen. Der
von ihm erreichte Erfolg war in erster Linie die Frucht seiner
geschickten Combinationen.

Ich empfand eine aufrichtige Genugthuung, als General
Brown mich ihm an Bord des Dampfers vorstellte.

Dem Aeußern nach glich er einigermaßen Grant: dieselbe
hohe, doch ungraciöse Gestalt, dieselbe Form des Bartes, dazu
die gleiche, unschöne blaue Uniform mit den senkrechten Knopf=
reihen und den schwerfälligen tuchenen Achselklappen, wie eine
ähnliche seit einigen Jahren auch die mexikanischen Officiere,
nachdem die Epaulettes abgeschafft sind, tragen müssen. Der
Ausdruck seines Gesichts war jedoch, wenn auch immer ein
etwas schroffer, doch ein liebenswürdigerer, ebenso sein Benehmen
ein höflicheres als bei seinem Vorgesetzten.

Bald fanden wir uns in eine lebhafte Unterhaltung ver=
wickelt. Augenscheinlich interessirte sich Sherman für Mexiko.
Er wurde nicht müde, mich über die Zustände meines Adoptiv=
vaterlandes, sowie über die Hoffnungen, die ich für den weiteren
Verlauf des Krieges hegte, auszufragen.

Plötzlich unterbrach er meine Schilderung der wenig günstigen
Lage Mexicos mit der Frage:

„Was meinen Sie, Oberst, wenn ich Ihnen mit 50,000
meiner blauen Jungen — „blue boys" — zu Hilfe zöge?"

Und als ich nicht sogleich antwortete, fuhr er fort:

„Oder glauben Sie, daß sie nicht ausreichen würden, um
die Franzosen aus dem Lande zu jagen?"

„Ich zweifle nicht", erwiderte ich, „daß sie ausreichen wür=
den. Aber, General, wenn Sie die Franzosen davongejagt haben,
wie stellen wir es dann an, um Sie mit ihren 50,000 „blauen
Jungen" wieder los zu werden?"

Sherman lachte.

„Vielleicht haben Sie Recht," meinte er nach einer kurzen
Pause. „Das würde voraussichtlich Schwierigkeiten machen.
Besser immerhin, Sie suchen das Werk der Befreiung allein
durchzuführen."

Und wir haben es durchgeführt.

Ich hatte bei meiner Erwiderung auf Sherman's Vorschlag der Prophezeiung gedacht, welche Alexander von Humboldt kurz vor seinem Tode über das zukünftige Schicksal
Mexikos gemacht haben soll: „Die Vereinigten Staaten werden
es an sich reißen und dann selbst zerfallen." Heute hoffe ich
mehr denn je, daß der erste Theil schon darum nicht in Erfüllung gehen wird, weil unsere Nachbarn die des zweiten fürchten
müssen. In der That würden durch eine Annexion der mexikanischen Republik vorzugsweise die Südstaaten der Union gestärkt
werden und könnten dann leicht auf die Idee kommen, den Versuch einer Secession mit besserer Aussicht auf ein Gelingen zu
erneuen. Ebensowenig glaube ich an die Richtigkeit der Vor-
hersagung, zu welcher vor dreißig Jahren der mexikanische Ge-
schichtsschreiber Lucas Alaman sich verstieg: „Mexiko wird unstreitig
dereinst ein Land der Prosperität sein; dahin drängen es die
Elemente des Reichthums, die es in seiner Natur birgt; aber
diese Prosperität wird nicht eintreten für die Racen, die es
heute bewohnen." Nun, schon seit sieben Jahren sind wir in
diese Aera der Prosperität eingetreten, und wie bereitwillig wir
auch alle Fremden, die sich in unserer Mitte niederlassen wollen,
daran Theil nehmen lassen, zunächst kommt sie doch den Ein-
geborenen zu gut, und es hat keinen Anschein, daß andere Racen
sie dieses Genusses berauben werden.

Wenig fehlte übrigens, daß General Sherman seinen
Wunsch, auch in Mexiko eine militärische Rolle zu spielen, einige
Monate später doch noch verwirklicht gesehen hätte.

Am 22. Oktober 1866 beschloß Präsident Johnson, in
Voraussicht des nahen Abzuges der Franzosen aus Mexiko, eine

Gesandtschaft an den Präsidenten Juarez zu senden, vertreten durch Campbell und durch Sherman. In den von Seward Ersterem ertheilten Instructionen, worin von dem noch im Lande weilenden und von allen europäischen Mächten anerkannten Kaiser verächtlich als vom „Prinzen Maximilian, welcher vorgiebt, Kaiser von Mexiko zu sein," gesprochen wird, war Campbell aufgetragen worden, die Pläne des Präsidenten Juarez zur Wiederherstellung der Autorität der Republik in keiner Weise zu durchkreuzen, im Gegentheil sie eventuell wirksam zu unterstützen. Sherman, der nach Ablehnung des Generallieutenants Grant, Campbell als militärischer alter ego begleitete, hatte die Vollmacht erhalten, über die an den Grenzen Mexikos postirten Streitkräfte der Union selbstständig zu verfügen. Ein Einmarsch derselben gehörte demnach keineswegs zu den Unmöglichkeiten.

Zu unserem Glücke kam es nicht dazu.

Am 11. November verließ die amerikanische Kriegsfregatte „Susquehannah" mit den beiden Gesandten an Bord den Hafen von New-York und begab sich zuerst nach Tampico, dann nach Veracruz. Dort am 29. November angelangt, erfuhren die Gesandten zu ihrer Ueberraschung, daß Maximilian, den sie bereits auf dem Wege nach Europa vermutheten, plötzlich seinen Entschluß geändert hatte und bereit war, auch ohne Hilfe der Franzosen den Kampf gegen die Republikaner fortzusetzen. So vermochten Campbell und Sherman nicht mit Juarez in Verbindung zu treten und gaben den Befehl, die Rückreise nach den Vereinigten Staaten anzutreten.

Ich nannte soeben das Scheitern dieser Mission, wodurch vielleicht ein Einmarsch amerikanischer Truppen in Mexiko vermieden wurde, ein Glück für uns. Mit vollem Rechte, denn bald sollte sich zeigen, daß man im „weißen Hause" nicht frei war von Gelüsten, die französische Intervention durch eine zunächst diplomatische amerikanische zu ersetzen, wie dies aus einer Anfangs 1867 von Campbell an unsere Regierung gerichteten Note erhellt, auf deren Inhalt ich noch zurückzukommen gedenke.

Bald nach meiner Ankunft in Matamoros, wo inzwischen die Regierung des Staates Tamaulipas ihren Sitz aufgeschlagen hatte, wurde ich vom Gouverneur, Servando Canales, zum Regierungssekretär, speciell für die militärische Verwaltung ernannt.

Leider war ich zu spät eingetroffen, um mich an der Schlacht bei Santa Gertrudis zu betheiligen, die wenige Wochen früher, am 16. Juni, stattgefunden hatte. Es war seit Langem der erste entscheidende, hauptsächlich mit dem Bajonnett und dem Säbel erfochtene Sieg, der uns zugefallen; er eröffnete die Reihe weiterer glücklicher Treffen, die schließlich in der Einnahme von Querétaro und der Hauptstadt Mexiko gipfelten. General Es = cobedo war es gewesen, der auf jenem Hochplateau, obgleich er mit nur 1500 Mann gegen 2000 zu kämpfen hatte, die einen Waarencondukt escortirenden Gegner auf's Haupt geschlagen hatte. Der Eindruck, den dieser Erfolg auf die imperialistische Garnison von Matamoros hervorbrachte, war ein so demoralisirender, daß, obwohl das Schlachtfeld 50 Leguas entfernt lag, jene, ohne die Annäherung des Feindes abzuwarten, den Platz räumte und uns damit zu einer festen Operationsbasis verhalf. Bald darauf wurde auch Monterey, die Hauptstadt des Staates Nuevo Leon, von der meuterischen belgischen Legion, die es besetzt hielt, und deren Officiere, vom König Leopold zurückberufen, zum Theil heimgekehrt waren, aufgegeben. · Wir beherrschten somit im Sommer 1866 wieder die ganze Nordgrenze des Landes.

Wie vollständig die Niederlage bei Santa Gertrudis war, geht daraus hervor, daß der Feind 396 Todte, 121 Verwundete und 1001 Gefangene verlor. Unter ihnen befanden sich an Oesterreichern 145 Todte, 44 Verwundete und 143 Gefangene. Der Verlust an feindlichen Officieren betrug todt: 27, ver=

wundet: 11 und gefangen: 34, davon kamen auf die öster=
reichische Legion 3 Todte, 3 Verwundete und 7 Gefangene.
Unsererseits hatten wir 155 Todte mit 11 Officieren, und 78
Verwundete mit 3 Officieren. Fast das ganze Kriegsmaterial
fiel in unsere Hände, darunter 8 Geschütze und 1196 Gewehre.

Escobedo hatte wohl Recht, seine Truppen wegen dieses
glänzenden Sieges in seinem patriotischen Tagesbefehle zu be=
glückwünschen. „Wieder einmal," heißt es darin, „haben die
nationalen Waffen sich mit Ruhm bedeckt: Eure Gewaltmärsche,
die Beschwerden ohne Zahl, welche Ihr erduldet habt, sind nicht
fruchtlos geblieben, denn ungeachtet seiner numerischen Ueber=
legenheit ist der aus Verräthern und Oesterreichern zusammen=
gesetzte Feind Eurem Ansturm und Eurer Entschiedenheit er=
legen. Ihr habt die österreichischen Soldaten, die Landsleute
des Usurpators, auf den Knien Eure Milde anrufen gesehen und-
tapfer in der Schlacht, aber großmüthig im Triumphe, habt Ihr
als wahrhafte Soldaten der Republik sie ihnen gewährt ꝛc." In
der That wurden sämmtliche Gefangene, besonders die öster=
reichischen, mit großer Rücksicht behandelt. Daß Ende Dezember
1866 auf meine Fürsprache die sieben Officiere in Freiheit ge=
setzt wurden, unter der einzigen Verpflichtung, das Land zu ver=
lassen und nicht mehr gegen dasselbe zu kämpfen, habe ich bereits
im ersten Theile dieses Werkes erzählt. Trotzdem wurden wir
auch hinsichtlich unserer Kriegsführung, die in der Regel eine
durchaus humane war, auf das Schmählichste in Europa ver=
leumdet, zum Theil sogar von Denjenigen, die nur unserer Groß=
muth Leben und Freiheit verdankten.

In meiner Stellung als Regierungs= beziehentlich Staats=
sekretär an der Seite des Gouverneurs Canales konnte ich mich
unmöglich wohl fühlen.

Die Bewohner der Nordstaaten von Mexiko, kurzweg fronterizos — Grenzer — genannt, unterscheiden sich wesentlich
von der Bevölkerung im Innern des Landes. Sie gehören der

Mehrzahl nach der unvermischten kaukasischen Race an, während
diese vorwiegend aus Mestizen und reinen Indianern be=
steht. Man würde jedoch irren, wollte man hieraus auf eine
höhere Bildung bei den Ersteren schließen. Das Gegen=
theil ist vielmehr der Fall. Die fronterizos sind tapfer bis
zur Tollkühnheit, offenherzig, gastfrei, aber ziemlich unbeleckt ge=
blieben von der modernen Kultur. In ihrem Wesen und Be=
nehmen tritt eine urwüchsige Rohheit, wenn auch häufig mit
Gutmüthigkeit gepaart, zu Tage, und sie sind nur allzu geneigt,
im Gefühle der persönlichen Kraft die Schranken des Gesetzes
zu überspringen. Wohl sind sie begeistert für die Freiheit, die
Segnungen der Ordnung verstehen sie jedoch nur ungenügend
zu würdigen. Die nicht seltenen Ausnahmen bestätigen die Regel.
Canales war auch nach seinen schlechten Charaktereigenschaften
der Typus des „Grenzers". Ich sollte es zu meinem Schaden
erfahren.

Zu jener Zeit war die Bundesregierung, also Präsident
Juarez, immer noch mit den unbegrenzten Vollmachten —
facultades omnimodas — ausgestattet, die bei Beginn der
Invasion der Congreß ihm verliehen hatte. Häufig ist in
Mexiko gewaltiger Mißbrauch mit der Verleihung einer der=
artigen schrankenlosen Machtvollkommenheit an die Exekutiv=
gewalt getrieben worden. In diesem Falle war sie durch die
Verhältnisse geboten, mußte doch auch die Republik Rom in
Augenblicken großer Gefahr sich zur Ernennung eines unum=
schränkten Diktators verstehen. Juarez stand es hiernach zu,
für die einzelnen Staaten, soweit sie für die Republik zurückge=
wonnen waren, die Gouverneure zu ernennen, da es unmöglich
war, dieselben verfassungsmäßig durch das Volk wählen zu
lassen. Selbstverständlich hing damit seine Befugniß zusammen,
dieselben ihres Postens wieder zu entheben und durch andere zu
ersetzen. Das geschah mit Canales. An seine Stelle wurde,
ich habe vergessen, aus welchem besonderen Grunde, General

Santiago Tapia ernannt, ein ruhiger, bescheidener und verständiger Mann.

Canales schäumte vor Wuth, als die Abberufungsordre in seine Hände gelangte.

„Ich lasse mich", schrie er, „vom „Indianer" — Juarez wurde bisweilen, namentlich von seinen politischen Gegnern kurzweg „el indio" genannt — nicht absetzen."

Ich bemühte mich, ihm Nachgiebigkeit zu predigen. Ich wies auf die großen Nachtheile hin, die aus seiner Unbotmäßigkeit der republikanischen Sache erwachsen müßten. So lange die Fremden im Lande, sei es ein Verbrechen gegen die Nation, Zwiespalt in unsere eigenen Reihen zu bringen. Daraus könne allein der Feind Nutzen ziehen. Alles umsonst!

Pochend auf den Einfluß, den er über einen beträchtlichen Theil der Garnison von Matamoros ausübte, verweigerte er der Bundesregierung den Gehorsam. Ein pronunciamiento — hoffentlich wird dieses Wort, das in der Geschichte Mexikos wiederholt eine so verhängnißvolle Rolle gespielt hat, hinfüro für immer aus seinem politischen Lexikon verschwunden bleiben! — ein pronunciamiento war also fertig.

Ich hätte es für eine schwere Verletzung meiner Pflicht als mexikanischer Patriot und als Officier gehalten, in irgend einer Weise mich daran zu betheiligen. Unverzüglich reichte ich mein Entlassungsgesuch ein und bat gleichzeitig um die Erlaubniß, die Stadt, deren von den Kaiserlichen aufgeworfene Befestigungen sich jetzt Canales zu nutz machen wollte, zu verlassen.

Meine Entlassung wurde mir ohne Schwierigkeit gewährt, ebenso mir gestattet, meinen Marsch anzutreten, um mich dem mittlerweile vor Matamoros angelangten General Tapia vorzustellen. Im Begriff aber, nur von zwei wohlbewaffneten Dienern begleitet, davon zu reiten — mein Gepäck hatte ich einem deutschen Kaufmannshause zur Aufbewahrung übergeben —

wurde ich von mehreren Officieren umzingelt, die mir, den
Revolver in der Hand, die unliebsame Eröffnung machten, auf
Befehl des Gouverneurs — für mich war er nur mehr ein
Ex-Gouverneur — sei ich ihr Gefangener. An Widerstand war
natürlich nicht zu denken, und ich mußte mich ins Gefängniß
abführen lassen. Bei dem leidenschaftlichen, jähzornigen Charakter
von Canales war es keineswegs ausgeschlossen, daß die Geschichte ein schlimmes Ende für mich nehmen würde.

Jn der That hing, wie im Jahre 1848 in Estella, mein
Leben wieder nur an einem Haar. Jch finde später wohl noch
Gelegenheit, über den wunderbaren Zufall zu sprechen, der
meine Rettung bewirkte. Hier genüge es zu sagen, daß ich sie
„Brüdern" verdankte.

Und trotz dieses neuen Beweises meiner unwandelbaren
Loyalität wurde ich drei Monate später, auf Verleumdungen hin,
zu welchen ich nicht den geringsten Vorwand gegeben hatte, vom
Präsidenten Benito Juarez so wenig freundlich bei unserem
Wiedersehen in Durango empfangen!

Durch das pronunciamiento von Canales sah sich General
Escobedo gezwungen, seinen Vormarsch in das Jnnere des
Landes zu unterbrechen. Zunächst mußte er sich gegen Matamoros wenden und es förmlich belagern. Jch hatte auf dem
Umwege über Brownsville, zweimal den Rio Grande kreuzend,
sein Lager erreicht und war von ihm sofort zum Chef des Jn-
genieurwesens bei seinem Armeekorps ernannt worden. Jn
dieser Eigenschaft wirkte ich bei der Belagerung mit, doch erst
nach manchen fruchtlosen Stürmen, die leider auf beiden Seiten
große Opfer heischten, wodurch die Schaar der Vaterlandsver-
theidiger um des unverantwortlichen Ungehorsams eines einzigen
Mannes willen erheblich verringert wurde, gelang es uns, des
aufständischen Platzes Herr zu werden.

Meinen an abenteuerlichen Episoden reichen Marsch über
Monterey, Saltillo, Durango, Zacatecas und Morelia nach

Querétaro, um dort an einer neuen Belagerung, dieses Mal gegen die Kaiserlichen, Theil zu nehmen, habe ich schon beschrieben. Gerade vor und in Querétaro knüpften sich nun meine 1864 in Paris begonnenen Beziehungen zu Maximilian wieder an.

Zunächst muß ich aber, um ein möglichst vollständiges Bild von jenem unglücklichen Fürsten zu zeichnen, auf eine noch frühere Zeit zurückgreifen.

Ausführlich und an verschiedenen Stellen dieses Werkes habe ich die mannigfachen Beweggründe darzulegen versucht, welche Louis Napoléon bestimmten, die Expedition gegen Mexiko zu unternehmen und von Anfang an, sogar schon vor Abschluß der Londoner Convention, also bereits im Laufe des Jahres 1861, sein Auge auf den Erzherzog Ferdinand Max als präsumtiven Candidaten für den in jener einstigen spanischen Colonie aufzurichtenden Thron zu werfen. Aber der Erzherzog stand in keinerlei Abhängigkeitsverhältniß zum Kaiser der Franzosen; er gehörte nicht zu seiner Familie; Napoléon konnte ihn nicht ohne Weiteres nach Amerika schicken, um dort in seinem Auftrage und für die Erfüllung seiner politischen Zwecke eine Monarchie zu gründen, wie er es mit einem seiner Verwandten oder mit einem seiner Marschälle im Stande gewesen wäre zu thun. Dazu bedurfte es der Zustimmung Maximilian's.

Die Frage ist zwar schon aufgeworfen worden, was diesen bewogen haben möge, auf jenen Vorschlag einzugehen, den ein Mann ihm unterbreitete, der drei Jahre vorher seinem eigenen Bruder, dem Kaiser von Oesterreich, als Feind gegenüber gestanden und ihn nach einer Reihe von Niederlagen zum Abschluß des Friedens von Villafranca, durch den auch Maximilian seine Statthalterschaft in der Lombardei verlor, gezwungen hatte. Meines Wissens jedoch hat dieselbe bisher noch Niemand erschöpfend beantwortet.

Man hat wohl behauptet, Thatendurst habe den jungen
Erzherzog aus seinem stillen Miramar fortgetrieben, um jenseits
des Meeres „sich der edlen Aufgabe zu widmen, einem durch
langjährige Revolutionen zu Grunde gerichteten Lande wieder
aufzuhelfen, ein unter den traurigen Folgen der Anarchie ver=
kommenes Volk zu regeneriren". Ich glaube selbst, daß dies
ein mitbestimmender Faktor gewesen ist. Manche der Aphoris=
men, welche nebst Reiseskizzen und Gedichten kurz nach Maxi=
milians Tode unter dem Gesammttitel: „Aus meinem Leben"
in Leipzig erschienen, zeugen von solchem Thatendurst, so ein
aus dem Jahre 1852 stammendes: „Ruhe in ewiger Bewegung",
das merkwürdigerweise mit dem Motto harmonirt, welches ich
mir erwählt habe:

„Strebend nur bist du Mensch, drum wie das Kind in der Wiege
Such' und finde dein Geist in der Bewegung nur Ruh'."

Ein anderes ähnliches lautet: „Der Kampf ist der Reiz
des Lebens. Hört er auf, so hat die Maschine geendet. Der
Geist ist entflohen. So lange der Geist inne wohnt, und
das Herz schlägt, ist ewiges Ringen, und nur im Ringen
ist Leben, das der letzte Kampf des Sterbens schließt." Ein
drittes besagt: „Der Ehrgeiz und die Ruhmsucht, zwei edle
Triebfedern des Menschen, sind der Ausdruck der edlen Selbst=
liebe." Ja, eine Stelle aus dem Tagebuche über seinen
1853 unternommenen Ausflug nach Südamerika, wo es heißt:
„wie werth wären diese Länder einer andern Bevölkerung,
eines andern Herrschers", mit dem Citat der Byron'schen
Verse:

„How fair the land, how made for joy
How curs'd the tyrants who destroy —"

könnte auch auf Mexiko gedeutet werden. Ebenso sein Ausspruch:
„Warum lieben unabhängige Charaktere den Süden? Weil
keine Wolken ihnen den Blick in den freien Himmel wehren,
weil ihnen die Kälte keine lästigen Schranken setzt."

Ein Geschichtsforscher kann und wird sich aber mit dieser
vagen Erklärung nicht begnügen. Die Ursachen zu Maximilian's
verderblichen Entschluß müssen schärfer präcisirt werden.

Heutzutage, wo' der von der Krone ausstrahlende Glanz
die Augen der Unterthanen nicht mehr so sehr blendet, daß diese
von den Schwächen und Fehlern ihrer Herrscher nichts sehen
oder zu sehen wagen, ist man in den „allerhöchsten Kreisen"
eifrigst bemüht, gewisse vielleicht als anstößig anzusehende Vor=
kommnisse, die sich dort abspielen, vor der indiscreten Neugier
des profanum vulgus thunlichst zu verschleiern, damit dessen
„pflichtschuldige Ehrfurcht" vor den auf der obersten Stufe der
gesellschaftlichen und politischen Rangordnung Stehenden nicht
etwa Einbuße erleide. Diese Rücksicht mag dazu beigetragen
haben, daß bisher über das wenig freundschaftliche Verhältniß,
welches zwischen den beiden Brüdern Franz Joseph und
Ferdinand Max bestand, kaum etwas in die Oeffentlichkeit
gedrungen ist. Und doch ist darauf in erster Linie die Bereit=
willigkeit zurückzuführen, mit der Letzterer den mexikanisch=franzö=
sischen Lockungen folgte. Er hielt es nicht länger aus, unter
der Botmäßigkeit seines Bruders zu leben.

Den Geistes= und Herzensanlagen nach waren sie heterogene
Naturen. Hieraus erklärt sich zum Theil die zwischen ihnen
waltende Disharmonie.

Man hat den gegenwärtigen Kaiser von Oesterreich=Ungarn
einen trefflichen Subalternbeamten genannt. Von diesem besitzt
er in der That einerseits die Pflichttreue, andererseits den
Mangel an Initiative. Mit großer Pünktlichkeit absolvirt er
sein tägliches Pensum als Herrscher, bestehe es oft auch nur in
der Unterzeichnung so und so vieler ihm vorgelegten Schriftstücke,
die er übrigens vorher genau zu lesen pflegt. Dahingegen
dürften von den während seiner sechsunddreißigjährigen Regie=
rungszeit innerhalb der habsburgischen Monarchie stattgefundenen
Ereignissen nur eine kleine Anzahl seiner persönlichen Anregung

ihre Entstehung verdanken. Franz Joseph verdient weit mehr
als Victor Emanuel den Beinamen eines rè galantuomo,
den eines durch und durch ehrenhaften Mannes. Jede unsaubere
Handlung, die in irgend einer Weise mit Geldinteressen zu=
sammenhängt, verletzt sein in diesem Punkte überaus zart empfin=
dendes Gewissen. Unnachsichtlich hat er Männer, wie sehr sie
sich auch früher seiner Gunst erfreuten, aus seiner Nähe ver=
bannt, sobald er in Erfahrung brachte, daß ihre Hände nicht
rein geblieben waren. Es giebt keinen entschiedeneren Verächter
der auch von einigen Ministern nicht ungern angewandten
„Trinkgeldertheorie" als ihn. Was geistige Fähigkeiten an=
betrifft, steht Franz Joseph nur auf mittlerer Höhe. Jede
Genialität ist ihm nicht nur fremd, sondern sogar widerwärtig.
Der Grundzug seines Wesens ist Nüchternheit. Auch von Ehr=
geiz ist er ziemlich frei. Die Idee des Frankfurter Fürsten=
tages von 1863 war sicher nicht seinem Hirne entsprungen.
Tief durchdrungen von dem Gefühle seiner Würde, verschmäht
er es, um die Gunst seines Volkes zu buhlen, und vermeidet
nahe und direkte Berührungen mit ihm. Darum ist er auch
persönlich nicht populär. Die Ovationen, deren Gegenstand er
bisweilen ist, gelten allein seiner Eigenschaft als habsburgischer
Kaiser. Ihre Quelle liegt in dem vorwiegend monarchischen
Sinne der unter seinem Scepter stehenden Nationen, die ein=
sehen oder fühlen, daß ohne den dynastischen Kitt sie auseinander=
bröckeln und vielleicht ehrgeizigen Nachbarn zum Opfer fallen
würden. Als „erster Cavalier seines Reiches" ergiebt er sich
mit Vorliebe den cavaliermäßigen Zerstreuungen, hauptsächlich
der Jagd, während er nur ein schwaches Interesse für Wissen=
schaften und Künste zeigt. Wo es nöthig war, hat er den für
einen Edelmann unerläßlichen Muth bewiesen, wie im ersten
italienischen und im ungarischen Feldzuge; tiefere militärische
Kenntnisse und strategische Begabung besitzt er nicht. Als
Schlachtenlenker weiß die Geschichte nichts von ihm zu melden.

Der moderne Liberalismus ist ihm antipathisch; zum Theil be=
greift er ihn nicht einmal. Nur widerwillig hat er deshalb
seine Zustimmung zur Umwandlung des patriarchalischen Absolu=
tismus in ein halbwegs constitutionelles Regierungssystem ge=
geben. Nun er aber einmal die Verfassung beschworen hat,
bleibt er ihr treu. Ohne gerade ein Fanatiker zu sein, hält er,
von einer jesuitenfreundlichen Mutter und dem ultramontanen
Grafen Bombelles erzogen, fest an den Satzungen der römisch=
katholischen Kirche und kommt dadurch oft in Gewissensconflicte,
wenn er den politischen Forderungen der Neuzeit gerecht werden
soll. Jene Erziehung ist auch Schuld an seinem Mangel an
Selbstständigkeit, der freilich in einzelnen Fällen einem starren
Eigensinn Platz macht. Unfähig zu energischem Handeln, weiß
er mit Würde die Schläge, welche das Schicksal ihm nicht er=
spart hat, zu tragen.

Obgleich sein nur zwei Jahre jüngerer Bruder Ferdinand
Max gemeinsam mit ihm und unter den gleichen Einflüssen
aufgewachsen war, hatte sich Dieser doch in ganz verschiedener
Weise entwickelt. Im Vergleich zu den übrigen Mitgliedern
seiner Familie war er aus der Art geschlagen. Auch mit keinem
seiner Vorfahren hatte er Aehnlichkeit, weder mit Maria Theresia
noch mit Joseph II., mit diesem vielleicht eine geringe darin,
daß er gleich jenem nicht allein „Schätzer", sondern häufig
Ueberschätzer der Menschheit war.

Um seine Charakteristik deutlicher hervortreten zu lassen,
habe ich die Franz Joseph's vorausgeschickt und sie als Folie
benützt.

Befangen in unklarem Idealismus, der hauptsächlich durch
seine künstlerischen Neigungen genährt wurde, entbehrte Maxi=
milian wie der Tiefe so der Kraft; er war oberflächlich, sentimental
und schwach. Dinge wie Menschen beurtheilte er nach ihrer Außen=
seite und fand sich deßhalb oft enttäuscht. Er nahm die Welt
nicht, wie sie ist, sondern wie sie durch das Prisma seiner

Phantasie in seinem Kopfe sich widerspiegelte. Es kostete ihm Mühe, sich zu klarem Erkennen durchzuarbeiten. Lieber wiegte er sich in Illusionen. Er war viel geschäftig; es fehlte ihm jedoch an wirklicher Thatkraft und Ausdauer. Mit gleicher Leichtigkeit faßte er Vorsätze und gab sie wieder auf. Aenderten sich die Verhältnisse oder, unter den Eindrücken des Augenblicks, auch nur seine Stimmungen, flugs änderten sich mit ihnen seine Entschlüsse. Bezeichnend sagte er: „Nur in Politik nie glauben, daß das, was gestern gut war, auch heute gut sein muß. Die Situationen ändern stündlich. Man muß überhaupt wie bei der Behandlung eines Kranken die Diagnose stellen und nach ihr erst die Mittel wählen." Aber auch bei seinen poli= tischen Diagnosen kam er niemals zur Klarheit, weil er den an= geblichen Kranken — Mexiko — jeden Augenblick von einem andern Gesichtspunkt und mit andern Augen anschaute. Bei allen diesen oft scheinbar unvermittelt eintretenden Sinnes= änderungen zeigte er aber stets die gleiche Begeisterung für seine neueste Idee, die gleiche Ueberzeugung, daß sie die vortrefflichste sei, die gleiche Hoffnung, damit Erfolge zu erzielen. Als San= guiniker neigte er zum Optimismus, war aber auch meist schnell vorübergehenden Anfällen tiefer Muthlosigkeit zugänglich, bald himmelhoch jauchzend, bald zum Tode betrübt. Trotz seiner Gutmüthigkeit, seines Edelmuths und seiner Ritterlichkeit ver= hinderte sein wankelmüthiges, unselbstständiges und unentschlossenes Vorgehen, daß man sich jemals fest auf ihn verlassen konnte, denn was er heute für richtig und nothwendig angesehen hatte, verwarf er morgen. Gleich dem Sicambrerfürsten verbrannte er, nicht selten ohne genügende äußere Gründe, was er kurz zuvor angebetet, betete er an, was er kurz zuvor verbrannt hatte. Er war ein schwankes Rohr, von jedem Windhauch be= wegt. Nur im Herzen bewahrte er Treue.

Mit seinen weitaussehenden Plänen standen die Mittel, über die er verfügte, um sie auszuführen, fast immer im kläg=

lichsten Mißverhältniß. Zu einem strahlenden Ziel emporblickend, wurde sein Blick durch dasselbe so sehr gefesselt, daß er die Hindernisse, welche sich ihm entgegenstellten, nicht bemerkte und darüber stolperte. Man kann ihn die Verkörperung des französischen Sprichworts nennen: qui trop embrasse, mal étreint. Weil er zuviel umfassen wollte, erfaßte er gar nichts. Die verschiedensten Sachen fing er gleichzeitig an, ohne auch nur eine zum Abschluß zu bringen. Planlosigkeit beherrschte seine Handlungen. Dem Anschein nach harmonisch und in sich gefestigt, war sein ganzes Wesen ein zerfahrenes.

Er hielt sich für eine providentielle Persönlichkeit. Sein Lieblingsheld und Vorbild in der Geschichte war Kaiser Karl V., in dessen den Erdball umspannendem Reiche die Sonne nicht unterging. Daß auch Neu-Spanien einen Theil desselben gebildet hatte, mochte ihn mit veranlaßt haben, den dort für ihn aufgerichteten Thron zu besteigen.

Lieblingssohn seiner begabten Mutter, litt er schwer unter seiner Zweitgeborenschaft. Schon als Knaben hatten die beiden Brüder sich nicht vertragen. Diese Unverträglichkeit wuchs mit den Jahren. Die Erhebung Franz Joseph's auf den habsburgischen Kaiserthron ließ im ehrgeizigen Herzen Ferdinand Max' einen Stachel zurück, der ihm fortwährend die bittersten Qualen verursachte. Er war überzeugt von seiner geistigen Ueberlegenheit. Er hielt sich für weit befähigter, als Jenen, die höchste Stelle im Staate einzunehmen. Er grollte mit seinem Geschick, das ihn zum ersten Unterthan seines Bruders gemacht hatte, und ergriff mit Jubel die Gelegenheit, die sich ihm bot, sich dieser von ihm als Herabwürdigung empfundenen Situation zu entziehen.

Die mannigfachen Reisen, welche er als Seemann gemacht, trugen dazu bei, seinen Blick zu erweitern und seinen Geist von Vorurtheilen zu befreien. Ohne Zweifel war er der freisinnigste aller Habsburger, soweit ein Habsburger überhaupt freisinnig sein kann. „Constitution", schrieb er im November 1860, „der gefürchtete Popanz, ist Vertheilung der Gewichte und dadurch Herstellung des Gleichgewichts; es ist zugleich aber auch Controlle, die der Ehrliche nicht zu fürchten braucht. Man sagt, sie sei ein steter Kampf zwischen Regierenden und Regierten; wer das sagt, faßt es nicht ehrlich auf: sie ist ein Bund zwischen beiden. Wäre es aber auch ein Kampf, so vergesse man nicht, daß im Kampfe Leben ist." Und weiter: „Alles Neue setzt in Verwunderung, aber nur die Schwachen erschrecken davor." Aber gehörte er denn etwa zu den Starken?

Er war und blieb gläubiger Katholik, sogar mit einem leisen Anflug von Mystik; dennoch begriff er bis zu einem gewissen Grade die religiöse Duldung, nur für die Atheisten hatte er kein Erbarmen.

Seine Kenntnisse waren lückenhaft, weil er seine geistige Kraft zu zersplittern liebte. In seinen frisch geschriebenen Reiseskizzen bekundet sich eine ziemlich umfangreiche allgemeine Bildung, verbunden mit lebendiger Auffassungs- und Beobachtungsgabe. Der Originalität ermangeln sie jedoch. Seine Gedichte erheben sich nicht über das Niveau der Gewöhnlichkeit. Eines nur aus dem Juli 1854 ist mir aufgefallen, wo Maximilian klagt:

„Siehst du einen Vogel flügellahm,
Dem Gelenk man grausam brach und Sehne,
Daß, im Park er weilend, sanft und zahm,
Nicht die Fitt'ge mehr zum Fluge dehne;
Oh dann, Theurer, denk' an mich und weine.

Sehnend blickt der Brüder Wanderschaar,
Flattert fröhlich sie im Herbst von dannen,
Trüb' er nach und müht sich Jahr für Jahr
Auch zum Flug' die Schwingen auszuspannen;
Siehst Du es, so denk' an mich und weine.

Auch ich bin lahm,
Auch ich bin zahm;

„Was frommt des Herzens Zug,
Gebricht die Kraft zum Flug!
Theurer, denk' an mich und meine — meine."

Eine ähnliche Klage klingt aus den Worten heraus: „Furcht=
bar ist's, sich einer großen Vergangenheit bewußt zu sein, aber
keine Zukunft mehr zu haben."

Später scheint ihm die „Kraft zum Fluge" — über das
große Wasser gekommen zu sein, doch zu seinem Unheil, die
erhoffte „Zukunft" fand er auch drüben nicht.

So lange er sich noch an der Spitze der österreichischen
Marine befand, auch während seiner kurzen Statthalterschaft im
lombardisch=venetianischen Königreich, wo er zu Mailand glän=
zend Hof hielt, mochte er, weil er direkt nur mit Untergebenen
verkehrte, bisweilen vergessen, daß Jemand über ihm stand, dessen
Befehle er zu befolgen, dessen Wünschen er Rechnung zu tragen
hatte. Als er sich aber nach 1859 zu einer unfreiwilligen
Thatenlosigkeit verdammt sah und außer Stande, auch nur auf
einen Tag das durchbohrende Gefühl seiner ruhmlosen Abhängig=
keit los zu werden, mußten da nicht die Eröffnungen, welche
Anfangs 1861 die mexikanischen Verschwörer General Leonardo
Márquez, Exminister Aguilar, der in freiwilliger Verbannung
in Europa lebende stockmonarchische José Maria Gutierrez
Estrada und andere Mitglieder der in den Staub geworfenen
klerikalen Partei an ihn gelangen ließen, ihm wie eine Erlösung
erscheinen? Und seine von ebenso großem, wo nicht von noch
größerem Ehrgeiz beseelte Gemahlin bestärkte ihn in dem Ge=
danken, auf diese Weise eine Rangerhöhung zu erlangen und
damit eine Gleichstellung mit dem Kaiserpaar in Wien, weil sie
es nicht verschmerzen konnte, daß sie, Tochter und Enkelin von
Königen, einer Frau den Vorrang lassen mußte, die einem ver=
armten, nicht regierenden Fürstenhause entstammte, und weil
wegen mangelnder Nachkommenschaft die Pflichten der Mutter=

liebe ihr keine Entschädigung zu bieten vermochten für die so
schwer entbehrte, so heiß ersehnte dominirende Stellung.

Als Louis Napoléon dann in formeller Weise ihm die
mexikanische Kaiserkrone anbot, da vergaßen Maximilian und
Carlota, daß es keine reine Hand, daß es die Hand eines
Feindes war, aus welcher sie sie entgegenzunehmen hatten, und
daß auf dem Wege, der sie zum Throne emporführen sollte, sie
durch Schmutz und Blut waten müßten. Nur fort! Nur fort!

Neid über die bevorzugte Position des ältern, ohnehin nicht
geliebten Bruders und unbefriedigter Ehrgeiz waren somit die
Hauptbeweggründe, welche Maximilian und seine Gemahlin
veranlaßten, sich auf das mexikanische Abenteuer einzulassen.

Zu denselben gesellte sich ein anderer, vielleicht noch
schwerer wiegender, welchen gefällige Biographen noch ängstlicher
verschweigen als die angeführten.

Maximilian hatte niemals zu rechnen verstanden. So=
wohl um seine eignen sehr hochgeschraubten Bedürfnisse zu be=
friedigen, wie um seinem Hange zur Freigebigkeit und Wohl=
thätigkeit Genüge zu thun, hatte er sich in Schulden ge=
stürzt. Von ihm ist das Wort: „Geiz ist bei Prinzen ein
Verbrechen, denn die Menge fühlt doch immer, daß ihr Geld
aus dem Sacke der Vielen kommt. Prinzen sollen nur Geld=
Circulations=Maschinen sein, man weiß ihnen Dank dafür.“
Als solche Maschine hatte er nun so eifrig funktionirt, daß ihm
nichts mehr in Circulation zu setzen übrig blieb. Namentlich
hatte der Bau des herrlichen Schlosses „Lug auf's Meer“ —
Miramar — kolossale Summen verschlungen. Auch die reiche
Mitgift seiner Frau, der ein Theil der Erbschaft ihres geschickt
und glücklich speculirenden Großvaters Louis Philippe zugefallen,
war darauf gegangen. Um sich aus dieser peinlichen Verlegen=
heit zu retten, war dem jungen Erzherzog eine Luftveränderung
um so angenehmer, als zugleich mit der mexikanischen Krone ihm
mehrere Millionen vorschußweise zu freier Verfügung gestellt

wurden. Einmal Kaiser von Mexiko, würde er schon im Stande
sein, sie nach und nach zurückzuzahlen. Freilich war das Land
gerade durch vorübergehende Zahlungsunfähigkeit in seine schlimme
Lage gerathen. Aber bah! War er nicht der Mann, es im
Handumdrehen zu einem der reichsten Staaten der Erde zu
machen? Würde ihm es nicht gelingen, die unzähligen Elemente
der Prosperität, die noch unausgebeutet im Schooße seines
Bodens schlummerten, zu erschließen? Seine Einbildungskraft
zauberte ihm unerschöpfliche Schätze vor, nach denen er sich nur
zu bücken brauchte, um sie aufzuheben. In Wirklichkeit begann
aber Maximilian seine Herrschaft damit, daß, ehe er noch die
Küsten seines Reiches betrat, er diesem eine neue Schuldenlast
auferlegt hatte.

Jedenfalls war es eine eigenthümliche Wahl, einen Ver=
schwender mit der Mission zu betrauen, ein verarmtes Land aus
seinen Finanzcalamitäten zu retten. Und daß in diesem Falle
in der That der Bock zum Gärtner gesetzt worden war, das be=
weisen die auf die kaiserliche Verwaltung bezüglichen, später in
die Hände der Republikaner gefallenen Rechnungen, mit denen
ich mich später zu beschäftigen beabsichtige.

Ritterlicher Thatendurst und die uneigennützige Absicht, das
dahinsiechende Mexiko zu neuem Leben und Glück zu erwecken,
sind nach dieser wahrheitstreuen Darstellung kaum die vor=
nehmsten Ursachen gewesen, welche Maximilian nach Amerika
gehen ließen. Es ist immerhin gut, der Poesie der Geschichte
etwas Prosa beizumischen, besser gesagt, die schöne historische
Lüge durch die häßliche historische Wahrheit zu ersetzen.

Am 3. October 1863 erschien in Miramar eine mexikanische
Deputation im Auftrage der Junta, welche Forey in der Haupt=
stadt Mexiko zusammengetrieben hatte, zu dem anbefohlenen
Zwecke, die Monarchie als Staatsform und Maximilian als
Kaiser zu proklamiren. Ich habe mein Urtheil über diese Ab=
stimmungsfarce bereits abgegeben. Nicht viel günstiger äußert

sich darüber ein französischer, nicht einmal freisinniger Schrift=
steller: „Jene denkwürdige Junta," schreibt er, „wird ein ewig
beklagenswerthes Beispiel von Beleidigung der Wahrheit bleiben.
Sie hatte weder ein Mandat noch den entsprechenden Charakter,
um das ganze Land zu verpflichten." Und vorher war feierlich
und ausdrücklich dem mexikanischen Volke versprochen worden,
daß ihm keine Regierung aufgedrungen werden sollte! Sogar
der französische Minister des Aeußern, Drouyn de l'Huys,
mußte erklären: „Wir werden die Stimmen der Versammlung
in Mexiko nur als ein vorläufiges Zeichen der Stimmung des
Landes ansehen können." Gleichzeitig wurde Forey der Befehl
ertheilt, „in einem neuen Feldzuge die Stimmen der Städte
im Innern zu sammeln." Daß diese, nach ihrer Einnahme
durch die Franzosen, sich durch den Mund ad hoc ausgesuchter
Vertreter gleichfalls für die Candidatur Maximilian's aus=
sprachen, ist selbstverständlich. Viele jener Vertreter hatten frei=
lich niemals früher den Namen des österreichischen Erzherzogs
gehört, wußten überhaupt nicht, daß ein solcher existire.

Die nach Miramar entsandte Deputation war aus acht
Personen zusammengesetzt, deren Porträts — als Verräther an
ihrem Vaterlande — in dem großen Gemälde verewigt sind,
das in jenem Meerschlosse hängt und die Ueberreichung der
Krone und des Scepters an Maximilian darstellt. Die
Namen der Herren, obwohl nicht unbekannt, will ich hier noch=
mals an den Schandpfahl nageln. Es waren: Joaquin
Velasquez de Leon, der schlaue Jesuitenpater Javier
Miranda, Ignacio Aguilar, José Hidalgo, der spätere
Gesandte in Paris und schon als Legationssekretär in Madrid
erklärter — Günstling der allein durch ihre Jahre ehrwürdigen
Gräfin Montijo, der Mutter Eugenie's, der mexikanische
General französischen Ursprungs, Adrian Woll, wie man er=
zählt, ein unehelicher Sohn des Marschalls Sebastiani aus der
Epoche des ersten Napoléon und Louis Philippe's, der Millionär

Antonio Escandon, José Maria Landa und die Seele der ganzen Verschwörung, der mehrmals schon von mir erwähnte José Maria Gutierrez Estrada.

Einen eigenthümlichen Begriff muß Maximilian von diesen Leuten bekommen haben, als er erfuhr, daß mit Ausnahme von Escandon und Landa, sie sich nicht nur fette Reisespesen, sondern sogar — oft fingirte — Gehaltsrückstände hatten auszahlen lassen als Vorschuß auf die Anleihe welche man im Begriff war mit dem englischen Bankhause Glyn, Mills u. Co. in London zu contrahiren. Die Gesammtausgaben der Deputation beliefen sich auf das hübsche Sümmchen von 104,902 Pesos, wie aus den von uns aufgefundenen Dokumenten hervorgeht. Aber Maximilian selbst hatte ja keinen Anstand genommen, von jener Anleihe anticipando drei Millionen anzunehmen, und er verfügte darüber, noch bevor er seine Reise nach Mexiko antrat. Velasquez de Leon hatte ihm das Geld in siebzehn, mit blanken Goldstücken gefüllten Fässern nach Miramar überbracht.

Die Bedingungen, welche Maximilian im October 1863, wohl nur zum Schein, betreffs der Annahme der Krone den Abgesandten der Junta gegenüber stellte, waren ein Plebiscit des mexikanischen Volkes und Garantien für den Bestand seines Thrones. Später schrieb er an Gutierrez Estrada, Frankreich und England müßten sich verpflichten, ihn mit ihrer moralischen und materiellen Garantie zu Lande und zu Wasser zu unterstützen. Um dies durchzusetzen, reiste er im März 1864 nach Paris. Als Gast Napoléon's III. stieg er im Palast der Tuilerien ab und nahm Wohnung im Pavillon de Marsan. Damals wurden die Grundzüge der später so schmählich von Frankreich gebrochenen Convention von Miramar vereinbart.

Ich erhielt die Aufforderung, mich dem Erzherzog vorzustellen.

Sobald mir vom französischen Kriegsminister der erforderliche Urlaub bewilligt war, begab ich mich von Evreux nach Paris.

Auffallenderweise sind die Details meiner ersten Zusammen=
kunft mit dem Erzherzog, der vom österreichischen Hofrath im
auswärtigen Amt zu Wien, später zum Range eines außerordent=
lichen Gesandten und bevollmächtigten Ministers erhobenen
Dupont begleitet war, so sehr meinem Gedächtniß entschwunden,
daß ich außer Stande bin, Genaueres darüber zu erzählen, und
ich will mich nicht der Gefahr aussetzen, eventuell Irrthümliches
zu berichten. Nur soviel erinnere ich mich, daß mir sehr vor=
theilhafte Anerbietungen gemacht wurden, falls ich mich dazu
verstehen wollte, den künftigen Kaiser nach Mexiko zu begleiten,
Anerbietungen, die ich natürlich höflichst zurückwies, und daß ich
meine ganze Ueberredungskunst, leider vergeblich, anwendete, um
Maximilian von seinem Vorsatz abzubringen, in seinem Inter=
esse sowohl wie in dem meines Adoptivvaterlandes.

Auf seinen Wunsch arbeitete ich in spanischer Sprache ein
langes Memorandum aus, in welchem ich die damalige Lage
Mexikos eingehend schilderte. Vor allen Dingen betonte ich darin
die absolute Werthlosigkeit der zu seinen Gunsten stattgefundenen
Volksabstimmungen. Auch rieth ich ihm, wenn er durchaus
nicht zurücktreten wollte, seine Mission wenigstens nur als eine
zeitweilige und vorübergehende aufzufassen und sich ausdrücklich
die Befugniß zu wahren, sie jederzeit wieder aufzugeben. Er
solle in einem Manifeste erklären, unbekannt mit den Verhält=
nissen und aus so weiter Ferne vermöge er nicht zu untersuchen,
ob er wirklich der Erwählte des mexikanischen Volkes sei. Nur
gleichsam versuchsweise möge es ihn aufnehmen. Nach spätestens
einem Jahre werde er es abermals befragen unter Zusicherung,
daß man es an der freien Aeußerung seines Willens nicht hin=
dern werde. Sei es dann mit seiner Verwaltung zufrieden, so
werde er bleiben, andernfalls sich wieder einschiffen. Gerade
das Gegentheil hiervon that er aber. Maximilian, obgleich
kinderlos, traf unverzüglich Bestimmungen für die Thronfolge,
kurz, benahm sich, als ob er Mexiko niemals wieder zu verlassen

und dort eine dauernde Dynastie zu gründen beabsichtigte. Im Widerspruch hiermit stand seine Weigerung, sich dem habsburgischen Hausgesetz zu unterwerfen, welches für einen Fall wie den seinigen die ausdrückliche Verzichtleistung auf alle agnatischen Rechte vorschreibt, die ihm und seinen Nachkommen aus seiner Eigenschaft als österreichischer Erzherzog erwuchsen, speziell auf das, den habsburgischen Thron zu besteigen, wenn die Näherberechtigten früher als er stürben. Noch am Tage vor der feierlichen Annahme der Krone, am 9. April 1864, fanden aus diesem Anlaß zwischen ihm und dem Kaiser Franz Joseph stürmische Scenen in Miramar statt, die sicher nicht dazu beigetragen haben, die Beziehungen zwischen den beiden Brüdern herzlicher zu gestalten.

Ja noch mehr! Trotz dieses Verzichts und nachdem er schon über zwei Jahre Kaiser von Mexiko war, hat Maximilian nicht die Hoffnung aufgegeben, jenes Ziel zu erreichen. Würde sonst sein früherer Kabinetschef, der Belgier Eloin, der inzwischen nach Europa gereist war, gewagt haben, ihm gegen Ende des Jahres 1866 brieflich den Rath zu ertheilen, die Parthie nicht vorzeitig, auch nicht nach dem vollzogenen Abzug der Franzosen aufzugeben, um sein politisches Prestige nicht zu schädigen; wenn aber sein Aufruf an das mexikanische Volk ungehört verhalle und wirkungslos bliebe, dann mit ungetrübtem Glanze nach Europa zurückzukehren, um inmitten der wichtigen Ereignisse, die dort sicher nicht ausbleiben würden, die Stelle einzunehmen, die ihm in jeder Hinsicht zukomme. Als diese Stelle bezeichnete Eloin gerade heraus den österreichisch-ungarischen Thron. Der Kaiser Franz Joseph sei, wie er sich auf der Durchreise durch Oesterreich habe überzeugen können, durch die ihm von den Preußen beigebrachten Niederlagen und den Prager Frieden entmuthigt, das Volk ungeduldig und fordere öffentlich seine Abdankung, während die Zuneigung zu Maximilian sich sichtbar über das ganze Ländergebiet Oesterreichs

ausbreite. Und würde Maximilian, wenn er nicht an diese
Möglichkeit gedacht hätte, Eloin nicht energisch ob der Unver-
schämtheit getadelt haben, ihm derartige Vorschläge, welche einen
doppelten Wortbruch, Franz Joseph und den mexikanischen
Imperialisten gegenüber, involvirte, zu machen? Das geschah
aber nicht.

Schwer ist es, sich in diesen Widersprüchen zurecht zu finden.
Was war aber nicht widerspruchsvoll in Maximilian's Charakter?

Nachdem ich mein Memorandum den kriegsgefangenen
Kameraden in Evreux vorgelesen, schickte ich es dem Erzherzog
nach London, wohin er inzwischen gegangen war, nach.

Das Brouillon dieses Schriftstückes ist mir leider abhanden
gekommen. Am Schlusse desselben oder in dem Begleitschreiben
sagte ich:

„Ich fürchte, Eure kaiserliche Hoheit werden den Versuch
mit Ihrem Kopfe bezahlen!"

Am 25. Februar 1873 hielt ich in Wien vor der dortigen
geographischen Gesellschaft, der ich am 28. Januar als Mitglied
beigetreten war, einen Vortrag über die Charakteristik der in-
dianischen Bevölkerung Mexikos. Der jüngst verstorbene Professor Ferdinand von Hochstetter präsidirte. Unter den
zahlreichen Zuhörern befand sich der damalige k. k. Kriegsminister,
der geistreiche und gelehrte Feldzeugmeister Baron Kuhn. Nachdem ich geredet, trat dieser auf mich zu und theilte mir mit,
mein Memorandum werde im Staats-Archiv aufbewahrt —
wie es dahingekommen, weiß ich nicht — und er habe es mit
um so größerem Interesse gelesen, als auch von ihm das Pro-
jekt Maximilian's entschieden mißbilligt worden sei.

Ebensowenig schenkte Dieser andern Stimmen Gehör, die von
völlig unparteiischen Männern ausgingen und wohl geeignet waren,
ihn auf das Bedenkliche seines Unternehmens aufmerksam zu
machen. So hatte 1863 ein französischer Deputirter, der zur

imperialistischen Phalanx gehörende Adolphe de Belleyme, eine vielleicht von den Tuilerien inspirirte Brochure: La France et le Mexique veröffentlicht, in welcher die Behauptung auf= gestellt wurde, die anfänglich vernünftige Lösung der mexikanischen Frage durch die Candidatur Maximilian's habe, nachdem Frankreich in Folge des Rückzugs seiner beiden Verbündeten allein in Mexiko zurückgeblieben sei, ihre raison d'être verloren. Die französische Regierung dürfe unter keinen Umständen dem Erz= herzog seine Krone garantiren.

„Entweder", sagte der Verfasser, „ist dessen Wahl der ernste Ausdruck der Wünsche des mexikanischen Volkes. Dann ist unsere Aufgabe beendet, und wir haben nichts weiter zu thun, als ihm den Platz zu räumen. Oder man hat über jenes Volk ohne seine Zustimmung verfügt, dann dürfen die französischen Waffen nicht dazu dienen, ihm eine Dynastie aufzulegen, welche ihre Lebenskraft nicht aus dem nationalen Boden schöpft.

„Kann der Erzherzog Maximilian allein den Thron Mexikos besteigen, so ist er in der That legitimer Kaiser, dann aber bedarf er unser nicht mehr. Bedarf er unser, müssen wir ihm helfen, die Stufen seines Thrones emporzuklimmen, so ist er nichts als der Client Frankreichs.

„Will man sagen, Frankreich müsse, um sein Werk nicht unvollendet zu lassen, den Thron des Erzherzogs consolidiren und zu diesem Zweck diesem Prinzen eine zeitweilige, beschränkte Stütze gewähren, so erkläre ich diesen Gesichtspunkt für falsch. Die Idee ist gefährlich. Man muß sie bis auf's Aeußerste be= kämpfen. Nein, der Erzherzog ist nicht das Geschöpf Frank= reichs. Frankreich schuldet ihm nichts. Es würde einen un= geheuren Fehler begehen, wollte es nachträglich den Candidaten der mexikanischen Junta adoptiren und patronisiren.

„Nichts Verhängnißvolleres, als zu glauben, ein vor= übergehender Schutz vermöge den Thron des Erzherzogs zu festigen. Sich aber verbindlich machen, ihn aufrecht zu erhalten, bis er feststehe, wäre die leichtfertigste, die unklugste, die drückendste Verpflichtung, die Frankreich eingehen könnte."

Im Verlauf der Brochure wurden der Reihe nach die kolossalen Schwierigkeiten beleuchtet, welche im Innern wie von außen her der Monarchie Maximilian's sich entgegenstellen würden.

„Keine Illusionen!" hieß es unter Anderm. „Eine monarchische Regierung kann in Mexiko Angesichts der benach= barten republikanischen Regierungen, die ihr aus Gefühl, aus Grundsatz und aus Interesse feindlich sind, keinen Bestand haben."

Und weiter: „Die Candidatur des Erzherzogs Maximilian ist keine Lösung. Weit entfernt davon, eine Befreiung für Frankreich zu sein, ist sie eine Kette. Die von Frankreich be= schützte Thronbesteigung des Erzherzogs wäre nur die indirekte Besitzergreifung Mexikos durch Frankreich, eine Besitzergreifung, welche keinen der Vortheile einer direkten Besitzergreifung hätte und hundertmal größere Gefahren darböte."

Die Brochure schloß: „Resumiren wir: die Candidatur des Erzherzogs Maximilian ist eine weder für Frankreich, noch für Mexiko, noch für den Erzherzog vortheilhafte Lösung. Man kann nicht genug gegen die fieberhafte Eile protestiren, mit welcher diese Idee unklugerweise in den Vordergrund ge= bracht worden ist. Wir beschwören die französische Regierung, nicht einen einzigen Tag die Fahne Frankreichs im Dienste einer fremden Regierung zu belassen. Es kann Frankreich nicht con= veniren, auch nur einen Augenblick den Wagen Maximilian's zu ziehen."

An Warnungen hatte es Maximilian also nicht gefehlt. In absichtlicher Selbstverblendung rannte er in sein Verderben.

Die Dinge waren jedoch Anfangs 1864 bereits zu weit vorgeschritten, als daß an ein Fallenlassen des Planes gedacht werden konnte. Am 10. April nahm der Erzherzog definitiv in

Miramar die mexikanische Krone mit folgender an die Deputation
gerichteten Ansprache an:

„Mexiko hat, nach seinen Ueberlieferungen und den Gewohn=
heiten des neuen Continents, von seinem Rechte Gebrauch ge=
macht, sich eine seinen Wünschen und seinen Bedürfnissen ent=
sprechende Regierung zu geben. Es hat sein Vertrauen auf
einen Sproß dieses Hauses Habsburg gesetzt, das vor drei Jahr=
hunderten eine christliche Monarchie auf jenem Boden aufge=
richtet hat. Dieses Vertrauen hat mich gerührt, und ich werde
es nicht verrathen. Ich nehme also Besitz von der constituiren=
den Gewalt, mit der die Nation, welche Sie zu ihren Organen
gewählt hat, mich bekleidet. Ich werde sie nur so lange behalten"
— das heißt, die unbeschränkte Gewalt — „als nöthig ist, in
Mexiko eine regelrechte Ordnung herzustellen und die liberal=
conservativen Institutionen zu organisiren. Wie ich Ihnen,
meine Herren, in meiner Rede vom 3. October sagte, werde
ich mich beeilen, die Monarchie, sobald die Pacification des
Landes vollendet sein wird, unter die Autorität der constitu=
tionellen Gesetze zu stellen."

Wenige Tage darauf schiffte der neue Kaiser in Begleitung
seiner Gemahlin und eines kleinen Gefolges sich in Triest ein,
holte sich erst in Rom den Segen des Papstes, der ihm von
keinem Nutzen sein sollte, und langte am 29. Mai vor Vera=
cruz an.

Eisig war der Empfang, der ihm dort zu Theil wurde.
Warum kehrte er nicht lieber sofort und für immer einem Lande,
das ihn so ungastlich aufnahm, den Rücken und befahl, den Kiel
seines Schiffes heimwärts zu wenden? Eine Augenzeugin, die
Gräfin Paula Kolonitz, beschreibt die unerquickliche Scene
folgermaßen: „Die „Themis" war vorangeeilt und hatte unsere
Ankunft angezeigt. Dennoch blieb Alles mäuschenstill. Nichts
regte sich im Hafen, nichts an der Küste. Der neue Beherrscher
von Mexiko stand Angesichts seines Reiches und war im Begriff,

es zu betreten, aber seine Unterthanen hielten sich verborgen. Niemand empfing ihn. Es war ein unheimliches Gefühl für Alle."

Das Schiff, welches Maximilian seinem Vaterlande ent= führt hatte, mußte, um in die offene Rhede von Veracruz ein= zulaufen, an der kleinen Insel vorüberfahren, die den Unglück weissagenden Namen „Opferinsel" trägt, und auf welcher schon in jener Epoche, also erst bei Beginn der Expedition tausende von Gräbern die Leichen der dem gelben Fieber zum Opfer ge= fallenen französischen Soldaten bargen, weshalb die überlebenden im Galgenhumor sie „jardin d'acclimatation" getauft hatten. In den Straßen der Hafenstadt hielten die Einwohner ihre Fenster und Balkone geschlossen. Sie wollten von dem ihnen aufgedrängten Kaiser nichts wissen; sie wollten ihn nicht ein= mal sehen.

Die Veracruzaner haben sich freilich von jeher durch ihre Freisinnigkeit ausgezeichnet. Mit Stolz beherbergten sie ein Paar Jahre lang den rechtmäßigen Präsidenten der Republik, Benito Juarez, in ihren Mauern. Sie waren deßhalb am Wenigsten geneigt, einen importirten europäischen Fürsten an= zujubeln.

Im weiteren Verlaufe der Reise änderte sich indeß theil= weise die Haltung der Bevölkerung. Schon zwischen Córdoba und Orizaba hatte sie Vorbereitungen zur Begrüßung des Kaiser= paares getroffen und unzählige Triumphbogen errichtet, die mit den schönsten Blumen, mit bunten Tüchern und dreifarbigen Fahnen geschmückt waren. Besonders die Indianer umdrängten in dichten Schaaren den Wagen Maximilian's und Carlota's. Selbst der ärmste peon hatte mit irgend einem Festzeichen seine bescheidene Hütte am Wege geziert, und die Freude, mit der sie den „vom fernen Osten kommenden weißen Mann" empfingen, trug den unverkennbaren Stempel der Aufrichtigkeit. Auch beim Einzuge in die Hauptstadt waren Indianer nicht nur aus be=

nachbarten Ortschaften, sondern auch aus ferneren Gegenden mit
ihren Frauen und Kindern in großen Massen herbeigeeilt und
verliehen durch ihre Anwesenheit den Festlichkeiten ein volks-
thümliches Gepräge.

Was hatte nun jene enterbten Nachkommen eines hoch-
gebildeten Volksstammes, der, als er vor dreihundertsechzig
Jahren grausam unterjocht wurde, an Cultur in mancher Hinsicht seinen christlichen Eroberern überlegen war, bewogen, dem
neuen Herrscher so demonstrativ ihre Sympathien entgegen-
zubringen? Warum schlossen sie sich so schnell dem ihnen bisher
völlig unbekannten Manne an? Aberglaube und Priestereinfluß
erklären diese Erscheinung.

Die katholischen Geistlichen nehmen es häufig nicht sehr
genau bei ihren Bekehrungen; sie geben sich zufrieden, die Heiden
mit einem dünnen christlichen Firniß zu überziehen. So war
auch das den Indianern Anahuacs zur Zeit des Cortéz und
seiner Nachfolger durch wholesale-Taufen, wie einst den
Sachsen Wittekind's auf Befehl Karl's des Großen, octroyirte
Christenthum ein rein äußerliches und hat seitdem kaum eine Ver-
tiefung erfahren. Auch heute noch schlummert bei der Mehrzahl
von ihnen unter der Decke des katholischen Cultus der alte heidnische Glaube; häufig genügt eine geringe Veranlassung, diesen
in seiner ganzen Kraft und Ueberzeugung wieder zu erwecken.
Da es nun bei der Berufung eines österreichischen Erzherzogs
sich vornehmlich um die Aufhebung der vom Minister Antonio
de Lerdo y Tejada entworfenen und vom Präsidenten Juarez
kräftig durchgeführten sogenannten „Reformgesetze" handelte,
durch welche die Güter des Clerus zum Nationaleigenthum erklärt worden waren, so nahm dieser, in der Hoffnung, die ihm
entgangenen Reichthümer und den damit verbundenen Einfluß
zurückzuerlangen, keinen Anstand, sich den Aberglauben der Indianer zu nutze zu machen, um dieses Element der mexikanischen
Bevölkerung für die Sache Maximilian's zu gewinnen.

Für den vorliegenden Fall eignete sich trefflich die Sage
von Quetzacoatl.

Die schon angeführte Gräfin Kolonitz erwähnt in ihrem
Buche „Eine Reise nach Mexiko im Jahre 1864" dieses Um=
standes ausdrücklich. „Jene Sage," schreibt sie, „welche trotz
allen äußerlichen Christenthums nebst vielem andern Aberglauben
in den Traditionen der Indianer fortlebt, hatte äußerst günstig
für den Kaiser gewirkt. Sie sahen in ihm den weißen Mann,
der zu ihrem Glücke und zur Erhebung aus ihrer bisherigen
gedrückten Lage über das Meer gekommen war, und sie begrüßten
ihn mit dem größten Jubel."

Ich will diesen Anlaß benützen, um hier, mich vorwiegend
auf die von Frau Bernardino de Sahagun bald nach der spani=
schen Eroberung angestellten Forschungen stützend, einige Auf=
klärung über jene in Europa vermuthlich nicht viel gekannte
Sage zu geben.

Ungeachtet der eifrigsten Nachforschungen ist es den Ge=
schichtsschreibern und Archäologen bis heute nicht gelungen, ein
klares Bild von der mit den mannigfachsten Fabeln umkleideten,
wenn auch zweifellos historischen Persönlichkeit des Quetzacoatl
zu liefern. Der Kern der Mythe ist noch nicht völlig heraus=
geschält. Festzustehen scheint, daß Quetzacoatl der Reformator
der gesellschaftlichen Zustände unter den Tolteken war, welche sich
zu den später von Norden her vordringenden Azteken etwa wie
die civilisirteren Etrusker zu den erobernden Römern verhielten.
In der Nahuatlsprache stammt sein Name von coatl, Schlange,
Sinnbild der Stürme, und quetzalli, die grünen Schwung=
federn des Vogels tototl, welche für so kostbar erachtet wurden,
daß sie zur Metapher dienten, um ein theueres Wesen zu be=
zeichnen: „noquetzale — o meine schöne Feder." Hieroglyphisch
wird Quetzacoatl unter dem Bilde einer gefiederten Schlange
dargestellt.

Er spielte in Mexiko eine ähnliche Rolle wie Manko

Capak unter den Peruanern. Bald wird er als Eingeborener betrachtet, häufiger als ein vom Osten Eingewanderter. Bald erscheint er ursprünglich als Oberpriester, bald als König in der Hauptstadt Tullan, dem heutigen Tula. Bald wird er geschildert als von weißer Hautfarbe und schön, bald als auffallend häßlich, immer aber mit länglichem Kopfe und starkem Barte. Als die Azteken ihn später unter ihre Götter aufnahmen, gaben sie seinem Gesicht und Körper eine vollständig schwarze Hautfarbe.

Während seiner Herrschaft in Tula blühte für Mexiko das goldene Zeitalter. Quetzacoatl hatte das Volk den Ackerbau gelehrt. Eine Kolbe Mais war damals so groß, daß ein Mann sie mit Mühe zu tragen vermochte. In allen Farben hing die Baumwolle an den Sträuchern, so daß sie sofort, ohne einer weiteren Färbung zu bedürfen, zu Gewändern verarbeitet werden konnte. Cacaobäume bedeckten die Abhänge der Hügel. Die Waldungen waren von tausenden von Vögeln belebt, die im buntesten Gefieder prangten, unter ihnen der schon erwähnte, nach dem Herrscher genannte quetzaltototl. Süße Wohlgerüche erfüllten die Lüfte. Quetzacoatl war es auch, der die Kunst einführte, das Silber zu schmelzen und die Edelsteine zu schneiden. Er erfand die Hieroglyphen; er erließ die weisesten Gesetze. Alle seine Unterthanen lebten im Ueberfluß. Armuth und Mangel waren ihnen unbekannt. Tiefer Friede, gepaart mit hoher Sittlichkeit, herrschte im ganzen Reiche. Da aber kamen drei fremde Zauberer in's Land. Quetzacoatl war krank geworden; Jene versprachen, ihn durch ein überaus wohlschmeckendes Getränk zu heilen. Lange sträubte er sich, von dem Safte der Maguëypflanze, dem teometl, dem Götterwein, heute pulque geheißen, zu kosten. Endlich verstand er sich dazu, und da das Getränk ihm mundete, trank er mehr davon, bis er berauscht wurde. Die Zauberer mißbrauchten seinen Zustand, um sich des Reiches zu bemächtigen. Sie zwangen Quetzacoatl, die Ge-

walt niederzulegen und in die Verbannung zu ziehen. Vorher
jedoch verbrannte er alle seine prachtvollen Paläste, vergrub seine
Kostbarkeiten, verwandelte die Cacaobäume in Dornbüsche und
befahl den buntbefiederten Vögeln, vor ihm herzufliegen auf
seinem Wege in die Fremde. Wiederholt hielt er Rast, so in
Cuautitlan und in Cholula, wo später ihm zu Ehren eine
Pyramide mit einem prächtigen teocali erbaut wurde. Fort
und fort beweinte er sein Loos und das seines Volkes. Seine
Thränen durchlöcherten den Stein, auf dem er sich niedergelassen;
seine Hände, welche krampfhaft den Granitblock erfaßt hatten,
ließen ihre Spur darin zurück.

Man fragte ihn, warum er denn fortginge? Er antwortete:
„Die Sonne hat mich gerufen, ich muß zu ihr nach Tlapallam.“
Gegen den Stamm eines Baumes, genannt pochotl (bombax
ceiba) schoß er einen aus dem nämlichen Holze geschnitzten
Pfeil ab. Dieser durchbohrte den Stamm, blieb in ihm haften
und bildete somit ein Kreuz — das Zeichen der künftigen Er=
lösung.

Manche Missionäre, welche an verschiedenen Punkten des
alten Mexiko Kreuze vorgefunden hatten, behaupteten deshalb,
die Religion des Gekreuzigten habe schon früher dort Fuß gefaßt,
und wollten in Quetzacoatl den Apostel Thomas erblicken, der
über den Stillen Ocean gekommen und im Hafen von Hualulco
gelandet sei. Weil außerdem von jenem halbmythischen Wesen
erzählt wurde, es habe Blut getrunken und ein Kind verzehrt,
so glaubten sie in dieser Erzählung eine Symbolisirung der
Eucharistie zu entdecken.

Endlich nach langer Wanderung erreichte Quetzacoatl die
Küste des mexikanischen Golfes. Dort verfertigte er sich aus
Schlangenhäuten ein Floß — coatlapechtli —, bestieg es und
fuhr in das weite Meer hinaus. Bevor er Abschied nahm
von dem Häuflein seiner Getreuen, die ihm bis dahin gefolgt
waren, versprach er ihnen, einstmals wiederzukehren, um ihnen

das goldene Zeitalter, dessen die Tolteken sich erfreut hatten,
zurückzubringen.

Es würde mich hier zu weit führen, wollte ich mich noch
über ihn als aztekische Gottheit auslassen, seine Bildsäulen und
die ihm zu Ehren veranstalteten Feste beschreiben; überdies ge-
nießt er als Gott heutzutage keinerlei Bedeutung mehr unter
den Indianern Mexiko's; ihnen gilt er lediglich als Erlöser, als
Messias, und anknüpfend an die soeben mitgetheilte Sage, harren
sie seiner Wiederkunft.

Jedenfalls war es darum ein von der mexikanischen Geistlichkeit geschickt ersonnener Plan, diese heidnische Legende zu
Gunsten Maximilian's zu verwerthen.

Vor wenigen Jahren hat ein mexikanischer Dichter Alfredo
Chavero die Mythe von Quetzacoatl zu einem Trauerspiel umgearbeitet, welches am 24. März 1878 in einem Theater der
Hauptstadt zur Aufführung gelangte. Darin erscheint Quetzacoatl
ausdrücklich als Repräsentant des Christenthums, der an Stelle
der Anbetung der Götzenbilder die Verehrung des Kreuzes gesetzt
habe. Bei seinem Scheiden prophezeit seine Geliebte, Xochitl,
in späterer Zeit würden Männer vom Aufgange der Sonne her
kommen, um von Neuem das Kreuz als Zeichen Quetzacoatl's
und Symbol der Erlösung in Anahuac aufzupflanzen. Das
Stück ist schwach; die einzige Stelle von Bedeutung, welche es
enthält, ist diejenige, in der dem siegreichen Führer der Azteken,
Huitzilihuitl, als er den durch Quetzacoatl's Verzicht leer gewordenen Thron besteigen will, vom Oberpriester der Tolteken
die Worte entgegengeschleudert werden:

„Loco es aquel pueblo que al extraño entrega sus
destinos" — thöricht ist das Volk, welches einem Fremdling
seine Geschicke anvertraut.

Das Publikum lohnte diese für Jedermann verständliche
Anspielung mit donnerndem Beifall. „Mexiko für die Mexikaner!" lautet seit dem Falle Maximilian's die Parole.

Nichtsdestoweniger hätte dieser klug gehandelt, das gleichviel durch welche Mittel für ihn günstig gestimmte indianische Element, welches numerisch den Hauptfaktor der mexikanischen Bevölkerung bildet, durch Erfüllung seiner berechtigten Wünsche an sich zu fesseln. Daran dachte er aber anfänglich gar nicht. Er begnügte sich, mit der ihm eigenen, aus natürlichem Wohlwollen entsprossenen Popularitätshascherei, welche ihn auch sofort die mexikanische Tracht anlegen ließ, einige der hervorragendsten Indianer mit Anreden zu „beglücken" und sie zur Tafel zu ziehen, aber nicht einmal mit Versprechungen speiste er sie ab. Noch weniger befaßte er sich mit der Besserung ihrer elenden Lage, wie auch Juarez, obgleich — oder vielleicht weil? — er der nämlichen Race angehörte, es unterlassen hatte. Erst Ende September 1865 wurde ein wirkungslos gebliebenes Dekret für ihre Emancipation aus dem peonage, einer Art von Hörigkeitsverhältniß, erlassen. Ich will nicht behaupten, daß es Maximilian mit Hilfe der Indianer gelungen sein würde, sich im Lande zu halten. Zum Mindesten hätte er sich aus ihnen eine große Schaar ergebener Anhänger schaffen können. Als sie aber sahen, daß nichts, absolut nichts in ihrem Interesse geschah, und daß Alles beim Alten blieb, da zogen sie sich enttäuscht und grollend in ihre Dörfer zurück und sahen mit Gleichgültigkeit das Scheitern seiner Mission.

„Quetzacoatl," sagten sie traurig, „ist noch nicht nach Mexiko zurückgekehrt."

Der zweite Faktor, den Maximilian in Mexiko hätte berücksichtigen müssen, war die Geistlichkeit. Ihren Intriguen und Machinationen verdankte er ja hauptsächlich seine Krone, unter der stillschweigenden Bedingung, die seinerseits sich vermuthlich zu einem festen Versprechen condensirt haben mag, des donnant — donnant, d. h. ihr als Zahlung für seine Ernennung zum Kaiser die Aufhebung der „Reformgesetze" zu gewähren.

Daß er diese Bedingung, oder dieses Versprechen nicht erfüllen konnte, war indeß nur theilweise seine Schuld. Eine große Anzahl der in Mexiko ansässigen Franzosen hatte die bei der Umwandlung der Güter der todten Hand in Nationaleigenthum sich bietenden vortheilhaften Conjunkturen zu benützen verstanden und war zu niedrigen Preisen in den Besitz von früher der Kirche gehörenden Häusern und Haciendas gelangt. Natürlich verspürten die neuen Besitzer keine Neigung, diese wieder herauszugeben, und die französische Regierung verbot Maximilian, die „Reformgesetze" durch einen einfachen Federstrich zu beseitigen; höchstens dürfe er sie einer vorsichtigen Revision unterwerfen.

Damit war aber dem Clerus nicht gedient.

Der Erzbischof von Mexiko, Pelagio Antonio de Labastida, der gleich den meisten der übrigen ausgewanderten, richtiger gesagt, ausgewiesenen Bischöfe noch vor der Ankunft des Kaisers zurückgekehrt war, hatte es für seine Pflicht gehalten, bei der Regentschaft, die den Befehlen Forey's blind gehorchte und keinen Schritt zur Regelung jener Angelegenheit that, zu protestiren. In einem Briefe an den französischen Militär-Commandanten der Hauptstadt, General Baron Neigre, schrieb Labastida: „Die Kirche erleidet heutzutage in ihren Rechten und Ansprüchen dieselben Angriffe, die sie während der Regierung von Juarez erduldet hat: ja sie sieht sich noch erbitterter verfolgt."

Daran konnte Maximilian nichts ändern. Er befand sich also von seinem Regierungsantritt an in einer zweideutigen Lage. Die Clerikalen, welche ihn gerufen hatten, wollten nichts von ihm wissen, seit er nicht die Macht — wohl auch kaum den Willen — hatte, ihren Forderungen gerecht zu werden. Die wahren Liberalen standen als Republikaner thatsächlich, oder doch ihren Gesinnungen nach, auf Seiten des Präsidenten Juarez. Der Kaiser sah sich demnach genöthigt, sich zwischen zwei Stühlen auf — die Erde zu setzen. Auf keine

Partei konnte er sich stützen; sein Ministerium mußte. er zum Theil aus pseudo=liberalen Ueberläufern bilden.

Die Pfaffen, immer geneigt und geschickt zu Verschwörun= gen, arbeiteten im Geheimen eifrigst daran, den „Eindringling" — el intruso —, wie sie den Kaiser zu nennen anfingen, wieder zu beseitigen und fanden in dem grausamen und fanati= schen General Márquez, sowie im Expräsidenten Miramon, dem es nicht behagte', der Zweite im Staate zu sein, willige Helfershelfer. Der Kaiser mußte dieselben sogar, seiner eigenen Sicherheit wegen, aus dem Lande entfernen, indem er den ersten als Gesandten nach — Constantinopel, wo er nicht das Geringste zu thun hatte, den zweiten zum Studium des preußischen Artilleriewesens nach Berlin schickte, oder sage ich genauer, verbannte. Ueber letztere Episode habe ich schon in der ersten Reihe dieser „Erinnerungen" gesprochen.

Der Conflikt mit dem Clerus wurde durch das schroffe Auftreten des nach langem Zögern zu Anfang Dezembers 1864 in Mexiko eingetroffenen päpstlichen Nuntius Meglia verschärft. Durch diesen ließ Pio nono dem Kaiser einen Brief überreichen, der nach weitläufigen Klagen und Beschwerden über die traurige Lage der Kirche in Mexiko und nach Berufung auf die von Maxi= milian auf seiner Durchreise durch Rom dem heiligen Vater gegebenen Zusicherungen, klar und bündig „den Widerruf der verderblichen Gesetze" forderte, „welche nun schon seit so langer Zeit die Kirche unterdrücken", und „unter der Mitwirkung der Bischöfe und in den nöthigen Fällen der apostolischen Autorität die erforderliche völlige Reorganisation der gesammten kirchlichen Angelegenheiten" verlangte.

Wie aber diese Reorganisation vor sich zu gehen habe, zeigte folgende Stelle des päpstlichen Briefes:

„Um auf das Schleunigste der Kirche wieder glückliche Tage zu geben, ist es vor Allem nöthig, daß die katholische Religion mit Ausschluß jeden andern dissidenten Cultus fort=

fahre, der Ruhm und Halt der mexikanischen Nation zu sein;
daß die Bischöfe wieder frei seien in der Ausübung ihres
Pastoralberufes; daß die religiösen Orden wieder hergestellt und
nach denjenigen Instructionen, für welche Wir die Vollmacht
gegeben haben, reorganisirt werden; daß das Kirchenvermögen
und alle an dasselbe sich knüpfenden Rechte vertheidigt und ge-
schützt werden; insbesondere auch, daß Niemand die Erlaubniß
erhalte, falsche und subversive Lehren zu verbreiten; daß aller
Unterricht, der öffentliche sowohl als der private, geleitet und
überwacht werde durch die kirchliche Autorität; und daß endlich
alle Fesseln gebrochen werden, durch welche bis jetzt die Kirche
unter der Abhängigkeit und der Willkür der bürgerlichen Regierung gehalten wurde."

Der Rest des Schreibens enthält die üblichen salbungs-
vollen Phrasen, die sich in allen von der Curie ausgehenden
Schriftstücken vorfinden.

Maximilian war um eine Enttäuschung reicher. Er
hatte sich eingebildet, er werde mit Hilfe des Papstes einen er-
träglichen modus vivendi zwischen Staat und Kirche in Mexiko
herstellen können, ohne sich in allzu offenen Widerspruch mit den
seit einigen Jahren auch dort eingeführten, ihm selbst zusagenden
Toleranzideen zu setzen. Aus der Geschichte hätte er aber wissen
müssen, daß ein derartiges Abkommen nun und nimmermehr
von Rom zu erlangen ist. Freilich verschwenden klügere Staats-
männer als er auch heute noch ihre Zeit und Kräfte, um, sei es
auch nur in einzelnen Punkten, ein Nachgeben seitens der Curie
zu erzielen, und zerstoßen sich umsonst den Kopf an dem Felsen
des römischen non possumus. Das kommt daher, weil die
meisten Angreifer bis zu einem gewissen Grade gleichzeitig geheime oder offene Anhänger der von der Kirche vertheidigten
Lehren sind und mit einem Fuße in ihrem Lager stehen. Nur
wer vollständig geheilt ist von der uns in unserer Jugend ein-
geimpften religiösen Krankheit, darf im Kampfe mit der Clerisei

auf Siege hoffen. Bei Maximilian hatte aber der Gesun=
dungsprozeß kaum erst begonnen. Pius IX. stand das Recht
zu, an den „katholischen Sinn des Kaisers, von dem er ander=
weit so viele Beweise gegeben habe", zu appelliren.

Es ist darum nicht zu verwundern, daß gerade in den Be=
ziehungen zu Rom der schwankende Charakter des Herschers von
Mexiko besonders deutlich zu Tage trat. Das Schreiben des
Papstes beantwortete er mit einem Dekret, das einige Forderun=
gen der Curie bewilligte, andere zurückwies, für noch andere
weitere Unterhandlungen in Aussicht stellte. Der Nuntius er=
klärte, er besitze keine Vollmachten noch Instruktionen, um sich
in eine Diskussion über diese neuen Vorschläge einzulassen.
Es folgte zwischen ihm und der Regierung ein Schriftenwechsel,
der einen immer gereizteren Ton annahm, hauptsächlich seit der
Kaiser seinem Justizminister Escudero mittelst Cabinetschreibens
den Auftrag ertheilt hatte, ihm Vorschläge zu einer Revision der
„Reformgesetze", unter theilweiser Anerkennung von deren faktischen
Wirkungen, zu unterbreiten. Der Schluß dieses Dokuments
lautete: „Vollziehen Sie dieses Alles gemäß dem Prinzipe einer
weiten und freimüthigen Toleranz, aber im steten Hinblick
darauf, daß die apostolisch=katholisch=römische Religion die Staats=
religion ist."

Das Wort Toleranz wirkte auf den Nuntius wie ein Stück
rothen Tuches auf einen Truthahn. Es erfolgte seinerseits ein
scharfer Protest, und zuletzt blieb der Regierung nichts Anderes
übrig, als „ihre Beziehungen zum Erzbischof i. p. Meglia
als völlig abgeschlossen und beendet" zu erklären. Der Nuntius
schiffte sich ein.

Auf diesem, Angesichts der politischen Lage falschen, abge=
sehen davon, einigermaßen freisinnigen Standpunkt verharrte der
Kaiser indeß nicht. Fast gleichzeitig mit dem Abbruch der Ver=
handlungen mit Meglia schickte er vielmehr eine außerordent=
liche Gesandtschaft, der sogar ein Bischof angehörte, an den Papst,

um sich direkt mit der Curie zu verständigen. Dieser Versuch,
der die Schwäche Maximilian's in ein klares Licht stellte,
war am Wenigsten geeignet, Pius IX. versöhnlicher zu stim=
men. Cardinal Staatssekretär Antonelli äußerte sogar im
Kreise seiner Vertrauten, niemals werde er in irgend ein Ab=
kommen mit dem „österreichischen Erzherzoge" willigen, degradirte
diesen also eigenmächtig seiner Kaiserwürde.

Trotzdem mußte die Kaiserin Carlota noch Schritte thun,
um persönlich den heiligen Vater umzustimmen. Auch sie er=
reichte nichts. Ihr Mißerfolg trug sogar dazu bei, die arme
Frau in die Nacht des Wahnsinns zu stürzen.

Anstatt sich nun aber durch diese Unnachgiebigkeit und
Herzlosigkeit des Stellvertreters Gottes zu gerechtem Zorn ent=
flammen zu lassen und das Tischtuch zwischen sich und den
Pfaffen in Mexiko zu zerschneiden, was that Maximilian?
Erst klagt und jammert er am 21. Oktober 1866 in Orizaba:
„Ich bin erschöpft! Ich gehe. Ich kann nicht mehr zweifeln,
daß meine Gemahlin wahnsinnig ist." Und unmittelbar darauf
läßt er sich von dem schurkischen Pater Fischer umgarnen,
schenkt den hohlen Versprechungen des Episcopats, ihm Geld
und Soldaten zur Verfügung zu stellen, Glauben, wirft sich der
clerikalen Partei, nachdem er sie zwei und ein halbes Jahr hin=
durch vor den Kopf gestoßen, ganz in die Arme, verspricht die
bisher perhorrescirte Aufhebung der „Reformgesetze", begiebt sich
unter den Schutz eines Márquez und eines Miramon, die
ohne seine Erlaubniß im Oktober 1866 aus ihrer Verbannung
heimgekehrt waren und sich ihm in Orizaba vorgestellt hatten,
verläßt auf deren unheilvollen, vielleicht verrätherischen Rath die
Hauptstadt und unternimmt den unklugen Zug nach Querétaro,
um dort seinen Tod zu finden.

Ein derartiger Umschwung ist sicher nicht zu rechtfertigen.
Und hätte selbst Maximilian den Sieg über die liberalen
Armeen der Generale Escobedo und Porfirio Diaz davon=

getragen, er würde doch seinem Schicksal nicht entgangen sein.
Die Clerikalen, die nur darum sich ihm wieder genähert, weil
sie Angst hatten vor dem Vordringen der republikanischen Heere,
und die des Kaisers immer noch nicht vollständig geschwundenes
Prestige zu ihren Gunsten ausbeuten wollten, würden ihn ohne
Gewissensbisse später haben fallen lassen, um einen Mann nach
ihrem Herzen an die Spitze des Landes zu berufen — vermuthlich Miramon.

Pater Fischer's hatten die Bischöfe sich als Werkzeuges
bedient, einmal weil er ein vollendeter Hallunke, dann weil
er als geborener Deutscher der deutschen Sprache mächtig war
und wegen dieses Umstandes von seinen violetten Auftraggebern
für besonders geeignet gehalten wurde, maßgebenden Einfluß
auf den Kaiser zu gewinnen.

Als ich im Januar 1867 von Monterey nach Durango
ritt, übernachtete ich im Pfarrhause des Städtchens Parras, so
genannt wegen des daselbst betriebenen Weinbaues — das Wort
parras bedeutet Rebengelände. Dort hatte der ehrwürdige Pater
eine Zeit lang als cura párroco gewirkt. In dem Pfarrhause
wohnte noch seine — Frau mit etlichen Kindern. Nachdem der
Protestant August Fischer sich als Winkeladvokat in San
Antonio durch einige kleine „Unregelmäßigkeiten" unmöglich gemacht und es für klug befunden hatte, sich einer im wenig
civilisirten Texas nicht unwahrscheinlichen Anwendung des Lynchge-
setzes durch rechtzeitige Flucht über die mexikanische Grenze zu entziehen, hielt er, um zu einer Stellung zu gelangen, es für das
Vortheilhafteste, seinen alten Glauben abzuschwören, gewann durch
seinen Uebertritt die Zuneigung des Bischofs von Durango,
trat, nach Empfang der Weihen, in dessen Dienste als Sekretär,
mußte später, da er sich einem deutschen Kaufmann gegenüber, in
dessen Haus er gastfreundlich aufgenommen worden war, eines
schmählichen Vertrauensmißbrauchs schuldig gemacht hatte, indem
er ihm seine Frau verführte, strafweise als Pfarrer nach Parras

versetzt, wohin jene Frau ihm nachfolgte, und wurde dort von dem reichen imperialistischen Grundbesitzer Sanchez Navarro entdeckt, nach Mexiko mitgenommen und dem Kaiser vorgestellt. Dieser, durch Fischer's stattliche Persönlichkeit und scheinbare Offenherzigkeit bestochen, ernannte ihn zu seinem Hofkaplan, betraute ihn bald darauf mit einer Mission nach Rom, die gleichfalls erfolglos verlief, und machte ihn schließlich zu seinem Cabinetssekretär.

In dieser Eigenschaft hatte Pater Fischer viele geheime Papiere Maximilian's in Verwahrung. Nachdem der Kaiser, den er sich wohl gehütet hatte, nach Querétaro zu begleiten — als Mann des Friedens empfand er eine ausgesprochene Abneigung gegen kriegerische Abenteuer — hingerichtet war, bot Se. Ehrwürden jene Papiere unserer Regierung zum Kauf an. Durch die Vermittelung eines deutschen Kaufmanns in Mexiko wurde der Handel abgeschlossen. Für die Summe von 1500 Pesos händigte der treue Sekretär uns die Hinterlassenschaft aus. Dieser gemeine Verrath an seinem todten Wohlthäter hinderte ihn jedoch nicht, sich, nach Europa zurückgekehrt, als begeisterter Verehrer seines „armen, unglücklichen Kaisers" zu gebahren, und alljährlich an dessen Todestage, 19. Juni, celebrirt er eine feierliche Messe für die Ruhe seiner Seele.

Maximilian schrieb einmal: „Fürsten sollten nie vergessen, daß die Personen ihrer Umgebung eine doppelte Wichtigkeit haben, erstens als Fühlhörner, um die Begriffe und Meinungen der Außenwelt zu fühlen und aufzusaugen, und zweitens als Aushängeschild, nach dem man auf den Inhalt der Boutique schließt. Wie wichtig ist daher die Wahl der Umgebung!"

In diesem Falle, wie in vielen andern, hat er jedoch keinen Scharfblick gezeigt. Er selbst würde lebhaft protestirt haben, wenn man von dem Pater Fischer als „Aushängeschild" auf den „Inhalt der Boutique", auf ihn selbst, hätte schließen wollen. Oder erinnerte er sich betreffs jenes Menschen eines anderen

seiner Aphorismen: „Für anrüchige Schufte ist der Ocean das
beste Reinigungsbad und der Urwald ein Feld der Buße und der
Zukunft"? Und erachtete er jenen „anrüchigen Schuft" durch
Ocean und Urwald für genügend gereinigt, um ihn seines rück-
haltlosesten Vertrauens zu würdigen?

Man kann Maximilian gewiß nicht den Vorwurf machen,
er habe sich nicht genügend für seine zukünftige Kaiserlaufbahn
vorbereitet. Er that es im Gegentheil nur zu viel, lange
bevor er Gelegenheit hatte, Mexiko aus eigener Anschauung
kennen zu lernen, und auf theilweise absichtlich gefälschte Informationen hin. Die zahlreichen, schon in Miramar von ihm entworfenen und mühsam ausgearbeiteten Gesetzentwürfe können
nicht einmal als schätzbares Material gelten. Auf sie war die
Anekdote von jenem Schuster anwendbar, der auf den Vorwurf
seines Kunden, die neuen Stiefel paßten ihm nicht, voll Selbst-
bewußtseins erwiderte: „Die Stiefel sind schon gut; Ihr Fuß
ist nur zu groß."

Maximilian wollte seine europäischen Ideen ohne Rücksicht auf die durchaus verschiedenen mexikanischen Verhältnisse
verwirklichen und brachte dadurch anstatt der angestrebten Ordnung
eine grenzenlose Verwirrung in die Verwaltung. Ueberhaupt
war er viel zu sehr Theoretiker. Klüger hätte er gehandelt,
nicht eher irgend welche Reformen einzuführen und die
Dinge lieber noch eine Zeit lang im gewohnten Schlen-
drian fortgehen lassen, als sofort mit unkundiger Hand
in das administrative Getriebe einzugreifen. Als seine erste
Aufgabe mußte er ansehen, sich durch persönliches Studium über
die Lage des Landes zu orientiren. Er soll wohl bisweilen das
Beispiel des Khalifen Harun al Raschid befolgt haben, der zur
nächtlichen Stunde verkleidet in den Straßen seiner Hauptstadt
umher wandelte, um zu erfahren, wie seine Unterthanen lebten,
was sie thaten und trieben, um zu erspähen, was ihnen fehlte.
Wenn solche romantische Episoden in der That stattgefunden

haben und nicht blos erfunden sind, um dem Kaiser eine Aureole zu schaffen, gelernt hat er aus seien Streifzügen wenig.

Ostentativ hielt Maximilian sich die Fremden fern; auf viele der Mexikaner, die er in seine Nähe berief, konnte er sich aber nicht verlassen. Das wußte er selbst. Unter seinen in unsere Hände gefallenen Papieren befindet sich eine eigenhändig von ihm geschriebene Liste der Personen seiner Umgebung, unter Beifügung des Urtheils, das er sich über jede von ihnen gebildet hatte. Die meisten dieser kurzen Charakteristiken lauten ungünstig.

Nach der Convention von Miramar sollte das französische Expeditionscorps nur möglichst kurze Zeit in Mexiko verbleiben, allein die etwa 8000 Mann starke Fremdenlegion wollte, dem Artikel 3 gemäß, Napoléon III. seinem Schutzbefohlenen er= forderlichen Falles sechs weitere Jahre belassen, ein Versprechen, das er überdies später, nach einer an Castelnau am 13. De= zember 1866 gerichteten Depesche, durch den Befehl, auch jene Legion zurückzuschicken, brach! Maximilian mußte deßhalb vor allen Dingen die Organisation einer Nationalarmee betreiben, nachdem so ungeschickt wie möglich seine österreichischen und belgischen Hilfstruppen im Lande verzettelt worden waren. Er hatte um so mehr Anlaß dazu, als er die Franzosen im Innersten seines Herzens haßte, so daß es in seinem wohlverstandenen Interesse gewesen wäre, sich so schnell als möglich derselben und mit ihnen seines Peinigers, des despotischen Marschalls Bazaine, zu entledigen.

Ernstlich ging er aber an die Arbeit, sich ein eignes Heer zu bilden, erst, als er erfuhr, daß der Kaiser der Franzosen, durch das Cabinet von Washington gedrängt, beschlossen hatte, seine Truppen in kürzester Frist allmälig zurückzuziehen. Wieder= holt hatte Staatssekretär Seward in wenig höflich gehaltenen Noten hierauf bestanden und von Paris die bindendsten Zusagen erhalten. Im Januar 1866 überbrachte Baron Saillard dem

Kaiser diese Mittheilung in offizieller Form. In demselben
Monat hatte Drouyn de l'Huys dem französischen Gesandten
in Mexiko, Dano, eine Note zugehen lassen, welche die Worte
enthielt: „Unsere Occupation muß ein Ende nehmen"; „die
Lage, in welcher wir uns in Mexiko befinden, kann nicht länger
andauern" und ähnliche. Ja es wurde dem Kaiser von Paris
aus insinuirt, „es sei gefährlich für ihn, nur durch fremde
Truppen gehalten zu werden." Auch an Bazaine wurde geschrieben: „Unsere militärische Rolle muß allmälig aufhören."

Der Kaiser durfte sich nicht der Illusion hingeben, daß er
noch für einige Zeit auf die ihm durch Frankreich gewährte
Unterstützung rechnen könnte. Er that es dennoch, schrieb kläg-
liche Bittbriefe sowohl an „seinen lieben Marschall", wie an die
leitenden Persönlichkeiten in Paris, und schickte Almonte hinüber, um einen Aufschub jener Maßregel zu erwirken. Als
Alles nichts fruchtete, veranlaßte er seine eigene Frau, sich
im Sommer 1866 nach Europa zu begeben, um persönlich
Louis Napoléon die gleiche Bitte vorzutragen, außerdem auch,
wie schon erwähnt, den Papst zur Nachgiebigkeit zu bewegen. Nutzlos hatte er sie, die stolze Fürstin — ihr Vater,
Leopold I. war inzwischen, am 10. Dezember 1865, gestorben — der rücksichtslosesten Behandlung seitens jenes gekrönten Parvenüs ausgesetzt. Der interimistische amerikanische
chargé d'affaires in Paris, John Hay, sprach in der Note,
in welcher er seinem Chef in Washington die Ankunft der
Kaiserin meldete, von ihr als von der „fraglichen Dame". Und
Maximilian selbst hatte schon vorher von dem nämlichen Par-
venü auf den Jenem durch Almonte überbrachten Vorschlag,
der auf ein weiteres Verbleiben der französischen Truppen in
Mexiko und auf weitere Geldvorschüsse hinauslief, die Antwort
erhalten: „Man kann sich das Verharren in den Illusionen
kaum erklären, die bei der Abfassung dieses Entwurfes vor-
geherrscht haben müssen." Auch behufs seiner Anerkennung durch

die Vereinigten Staaten machte er Anstrengungen. Sein Agent Arroyo wurde jedoch nicht vorgelassen.

Jeder unparteiisch Urtheilende muß in diesem Verfahren einen Mangel an Würde erblicken.

Zwischendurch hatte der Kaiser Anwandlungen von Energie. Am 2. Dezember 1865 schrieb er an Bazaine: „Der Augenblick ist gekommen, zu regieren und zu handeln" — ein indirektes Eingeständniß, daß er bisher nicht regiert noch gehandelt hatte — und am 6. Januar 1866: „Ich weiß, daß ich eine außerordentlich schwierige Aufgabe übernommen habe, aber ich besitze den Muth, die Last zu tragen, und ich werde aushalten."

Würdiger wäre es gewesen, unter solchen Umständen nicht auszuhalten und freiwillig das von Anfang an undurchführbare, zuletzt absolut unmöglich gewordene Unternehmen aufzugeben, als einen zwecklosen Bürgerkrieg in dem unglücklichen Mexiko fortzuführen. Als Erzherzog hatte er einmal gesagt: „Bayonnette gegen Außen gekehrt, sind Waffen der Vertheidigung, gegen Innen zu können sie nur zum Selbstmorde verwandt werden" Und an einer andern Stelle: „Wer ausgespielt hat, muß von den Brettern abtreten." Schon zu Anfang des Jahres 1866 hatte er gründlich ausgespielt; trotzdem trat er nicht ab.

Von seinem Entschluß, nach erfolgtem Abzug des französischen Expeditionscorps oder sogar schon etwas früher, die Parthie aufzugeben, durfte er sich unter keinen Umständen abbringen lassen. Das Zureden des Paters Fischer in Orizaba erzielte aber wohl nur deßhalb eine Wirkung, weil dessen Vorschlag den geheimen Wünschen Maximilian's entsprach.

Mein Bruder ist immer noch Kaiser, mag er gedacht haben, und ich sollte abermals wie vor meiner Thronbesteigung mich einem abstumpfenden, entnervenden otium. mehr denn früher sine dignitate, in meinem Schlosse Miramar hingeben? Nimmermehr! Und um nicht wieder herabzusinken von der erklommenen Höhe, ließ er sich die unerhörtesten Demüthigungen

gefallen, welche auch ein den edelsten Beweggründen entsprungener
Ehrgeiz nicht zu entschuldigen vermag.

Man hat die Worte , die er sprach, um, zur unliebsamen
Ueberraschung Bazaine's, Dano's und des inzwischen ein=
getroffenen Specialgesandten Napoléon's, des Generals
Castelnau, sein ferneres Bleiben zu begründen: „Ich will
nicht auf dem letzten Gepäckwagen der Franzosen nach Europa
zurückkehren", als Beweis seiner hochherzigen Gesinnung gepriesen.
War er denn aber nicht auch, figürlich gesprochen, auf einem fran=
zösischen Fourgon in Mexiko eingezogen?

Hauptsächlich aus dem Grunde, sagt man ferner, sei er
nicht fortgegangen, weil er seine Anhänger nicht der Rache der
siegreichen Republikaner habe aussetzen wollen.

Auch diese Behauptung trifft nicht zu.

Die Forderungen, welche er an die drei erwähnten Ver=
treter Frankreichs gestellt hatte: freie Ueberfahrt für die Offiziere
und Soldaten der österreichischen und belgischen Legion, Ge=
währung hinreichender Subsistenzmittel an dieselben, sowie lebens=
länglicher Pensionen für deren Invaliden, die Bedingung, daß
sie zuerst eingeschifft würden, Zahlung von 100,000 Pesos an
die „Prinzessin" Josefa Iturbide, die Mutter des zum
Thronfolger designirten Salvador Iturbide, sowie weitere
10,000 an diesen unter die Obhut Hidalgo's in Paris ge=
stellten jungen Mann, der heute noch, mit einer Ungarin ver=
heirathet, seine Visitenkarten mit einer phantastischen Kaiserkrone
schmückt — Alles, Alles war durch ein am 16. November 1866
ausgefertigtes, die Unterschriften von Bazaine, Dano und
Castelnau tragendes Dokument ausdrücklich bewilligt worden;
und für die verhältnißmäßig geringe Anzahl derjenigen mexikani=
schen Imperialisten, welche sich in hervorragender Weise com=
promittirt hatten, würden sich auch wohl noch Mittel und Wege
gefunden haben, sie rechtzeitig der ihnen zukommenden Strafe
für ihren Landesverrath zu entziehen.

So sinkt Stück für Stück der von Maximilian's Ver=
ehrern aufgeführte Legendenbau unter den rücksichtslosen Axt=
schlägen der Geschichte zusammen.

Sogar seine aufrichtigsten Freunde haben es nicht ge=
wagt, das Blutdekret vom 3. Oktober 1865, durch welches
sämmtliche Republikaner zu Straßenräubern und gewissermaßen
vogelfrei erklärt wurden, zu rechtfertigen. Ich selbst habe
zugestanden, daß es auf Drängen Bazaine's erlassen wurde.
Vom Staatsrath war es vorher diskutirt und gebilligt, von den
Ministern war es unterzeichnet worden. Es trägt aber auch die
Unterschrift des Kaisers. Die Verantwortlichkeit dafür vermag
dieser also nicht von sich abzuschütteln. Ja noch mehr! Auf
dem Entwurf, welchen ich in Händen gehabt und genau
durchgelesen, finden sich eigenhändige Randbemerkungen Maxi=
milian's, die keineswegs immer Abschwächungen der strengen
Maßregeln enthalten, ein Beweis, daß er sich eingehend und --
zustimmend mit der Sache beschäftigt hatte. Als einzig zu
machende Ausnahme bezeichnete er gegen Bazaine den General
Vicente Riva Palacio, Sohn des berühmten Rechtsgelehrten
Mariano, der zusammen mit Rafael Martinez de la
Torre später mit großem Geschick die Vertheidigung des Kaisers
vor dem Kriegsgericht in Querétaro führte. Dahingegen wurden
auf Grund des Dekrets die Generale Arteaga und Salazar,
welche im Staate Michoacan von den Truppen des kaiserlichen
Anführers Mendez besiegt und gefangen worden waren, ohne
Weiteres erschossen; unzählige andere brave Republikaner, die
kein weiteres Verbrechen begangen hatten, als ihr Vaterland und
dessen Institutionen gegen die Fremdherrschaft zu vertheidigen,
sind ihm zum Opfer gefallen. Wie der Kaiser Bazaine kannte,
durfte er nun und nimmermehr ihm eine derartige Waffe, seine
Grausamkeit zu befriedigen, in die Hand geben. Im günstigsten
Fall kann man Schwäche als Entschuldigungsgrund anführen.
Für einen Monarchen reicht derselbe nicht aus.

Spät erst, nachdem trotz allen Abrathens der Vertreter Frank=
reichs, in deren Interesse es lag, Maximilian zur Abdankung zu
bewegen und dadurch Napoléon III. eine schwere Verantwortung
zu ersparen, und welche sogar an eine Wiederaufrichtung der
Republik unter einem sich gewissen französischen Bedingungen
unterwerfenden Präsidenten gedacht hatten, vom Kaiser der Versuch
gemacht war, sich auf eigene Füße zu stellen, wurde jenes entsetzliche
Dekret vom 3. Oktober 1865 widerrufen, die Einstellung der
politischen Verfolgungen angeordnet und die politischen Vergehen
der Aburtheilung durch die Kriegsgerichte entzogen. Maximilian
mußte es, abgesehen von seinen natürlichen Gefühlen, schon aus
dem Grunde thun, weil er die damals mehr denn je unausführ=
bare Idee gefaßt hatte, eine Nationalversammlung zusammen zu
berufen, auf daß sie über die zukünftige Organisation Mexiko's
endgültig entscheide. Eine eigenthümliche Vorbereitung dazu war
freilich die Weiterführung des Kampfes. Früher, am 7. August
1866, hatte er übrigens propio motu ein anderes ähnliches
Dekret wie das obenerwähnte in Aussicht genommen und es
Bazaine zur Beurtheilung zugeschickt, nämlich den Belagerungs=
zustand über das ganze Land zu verhängen. Es gelangte nur
darum nicht zur Ausführung, weil der Marschall sehr richtig
erwiderte, de facto bestehe derselbe schon überall, wo französische
oder kaiserliche Truppen weilten.

Wie verschieden hiervon war die Behandlung, welche wir
den in unsere Gewalt gefallenen Gefangenen angedeihen ließen!
Die meisten unserer Generale, namentlich Porfirio Diaz, dessen
Entweichung aus Puebla allerdings mit Zustimmung Maxi=
milian's erfolgt sein soll, Riva Palacio und Corona
haben solche zu Hunderten gemacht und nicht nur keinen der=
selben erschießen lassen, sondern sie mit großer Menschlichkeit
behandelt, oft das letzte Stück Brot der eigenen Soldaten mit
ihnen theilend. In dem Treffen von Tacámbaro z. B., in wel=
chem Riva Palacio die republikanischen Truppen befehligte,

betrug die Zahl allein der gefangenen Belgier über 300. Als
diese, meist sehr junge Leute, welche von Hause aus freisinnigen
Grundsätzen huldigten, sich aus persönlicher Erfahrung überzeugten,
daß Alles, was man gegen uns Republikaner gesagt und ver=
breitet hatte, eitel Verleumdung sei, gingen sie zum Theil zu
den Unsern über und ließen sich in unsere Bataillone einreihen.
Vom rein militärischen Standpunkt ist dieser Schritt nicht zu
billigen, vom politischen hingegen wohl zu erklären. Einige dieser
Ueberläufer, ich glaube zehn oder elf, wurden in einem späteren
Treffen wieder von den Kaiserlichen gefangen genommen, nach
der Hauptstadt gebracht und selbstverständlich ohne Weiteres zum
Tode verurtheilt. Am nächsten Morgen sollten sie erschossen
werden. Es wird erzählt, Personen, die Erbarmen mit den
armen jungen Leuten empfanden, hätten sich, Gnade suchend, an
Carlota, als deren Landsmännin, gewandt, diese aber sich ent=
schieden geweigert, ein gutes Wort für sie einzulegen. So mußten
sie denn ihr militärisches Vergehen mit dem Leben büßen und
befleckten den Purpur der Kaiserin mit ihrem Blute. Ueberhaupt
hielt man in Mexiko Carlota für weit energischer, aber auch
für weit grausamer als ihren Gemahl. Vielleicht läßt sich dieses
psychologisch aus ihrer Kinderlosigkeit erklären.

Seinen künstlerischen Neigungen, seiner Prunkliebe, sowie
seinem unüberlegten Hange zum Geldausgeben war Maximilian
in Mexiko treu geblieben. Er umgab sich mit einem glänzenden
Hofstaate, schuf eine in schimmernde Uniformen gekleidete, ganz
überflüssige Palastgarde, gab prachtvolle Feste, baute den Natio=
nalpalast in Mexiko und das zu seiner Sommerresidenz erkorene
Schloß Chapultepec um, ließ sie auf das Reichste einrichten,
sorgte für eine kostspielige Vertretung an fast sämmtlichen euro=
päischen Höfen und überschüttete seine Günstlinge mit Geschenken,
kurz streute das Geld mit vollen Händen aus, uneingedenk
des wachsenden Elends im Lande.

Die Spanier haben ein hübsches Sprichwort, um ein solches

Vorgehen zu bezeichnen: hacer caravanas con sombrero ageno, wörtlich): Complimente machen mit fremdem Hute. Riesensummen, die Maximilian, der vor seiner Abreise aus Miramar sich dem Bankerotte gegenübergesehen, den größtentheils durch wucherische Anleihen gefüllten mexikanischen Kassen entnahm, verschleuderte er auf diese Weise. Er war freigebig aus — fremder Tasche.

Des Kaisers Geldgebahrung ist einer der wundesten Punkte seiner Regierung.

Durch ein Dekret des Präsidenten Juarez vom 6. Februar 1868 war Manuel Payno, der frühere Finanzminister Comonfort's, beauftragt worden, aus den an verschiedenen Orten zerstreuten Archiven die Rechnungen zusammenzusuchen und zu gruppiren, welche sich auf die Finanzverwaltung Mexiko's während der Epoche der fremden Intervention und des soge= nannten Kaiserreichs bezogen. Diese überaus schwierige Arbeit war am 5. Mai desselben Jahres vollendet. Sie enthält ein ziffermäßiges Sündenregister Maximilian's und seiner An= hänger, einschließlich der Franzosen. Sie zeigt, mit welch' grenzenloser Leichtfertigkeit in jener Zeit gewirthschaftet wurde, als ob jeder daran Betheiligte fortwährend das après nous le déluge vor Augen gehabt und zur Richtschnur seiner Hand= lungen genommen hätte.

Der in solchen Fragen sehr competente, mir seit meiner Ankunft in Mexiko befreundete Verfasser hatte die Liebenswürdig= keit, mir ein Exemplar seines fast tausend Seiten großoktav starken Werkes, mit einer freundschaftlichen Widmung versehen, zu übersenden. Aus dieser in Europa bisher wohl kaum be= nützen Fundgrube schöpfe ich die folgenden Daten und be= dauere nur, sie nicht in ausführlicherem Auszuge wiedergeben zu können.

Zahlen sprechen. Hier sprechen sie ein unangreifbares Ver= dammungsurtheil über den Erzherzog Ferdinand Max. Aus ihnen erhellt, daß er am Wenigsten geeignet ewar, dem verarmten und verschuldeten Mexiko aufzuhelfen.

Für das rücksichtslose, oft brutale Benehmen der Offiziere des französischen Okkupationsheeres ist Maximilian natürlich nicht direkt verantwortlich zu machen. Die dadurch in der Bevölkerung erzeugte Erbitterung übertrug sich jedoch zum Theil auf seine Regierung, denn man verhehlte sich nicht, daß hauptsächlich seinetwegen die Lasten und Unannehmlichkeiten zu tragen waren. Auch die Märsche der republikanischen Truppen verursachten manche unvermeidliche Beschwerden; in der Regel suchten aber unsere Offiziere Unterkunft in den öffentlichen Gebäuden, vorzugsweise in den von ihren bekutteten Insassen verlassenen Klöstern. Nicht so die französischen. Sie ließen sich überall Privatquartiere anweisen, und ihre als Behörden fungirenden Bundesgenossen, die einheimischen Verräther, sorgten schon dafür, daß ausschließlich liberale Familien damit belästigt wurden. Jene aber traten dann stets als Eroberer auf, beanspruchten alle möglichen bisweilen auch unmögliche Bequemlichkeiten, baten nie, sondern forderten, vertrieben oft die Bewohner ganz und gar aus ihrem Heim, und wenn diese nach Abzug der Truppen dorthin zurückkehrten, fanden sie Möbel und sonstige Einrichtungsgegenstände theils arg beschädigt, theils ganz zerstört, theils fortgeschleppt. Offiziersburschen und Trödler machten hierbei gute Geschäfte. Im Februar 1864 wurde die Rentensteuer durch eine Abgabe von 8 pro Tausend ersetzt und deren Erträgniß als Entschädigung für die Einquartierung bestimmt. Der Zweck dieser Maßregel war jedoch lediglich, den französischen Offizieren eine außerordentliche Feldzulage zu schaffen, denn die meist gewaltsam eingetriebenen und dem französischen Zahlmeisteramt überwiesenen Summen gelangten pro rata je nach der militärischen Rangordnung zur Vertheilung. In der Hauptstadt wurden z. B. dem Marschall Bazaine die ganze Zeit der Intervention über monatlich 1000 Pesos für Logis ausbezahlt,

dazu 1050 für seinen Stab, 457 für seine Verwaltungs=
beamten u. s. w., im Ganzen 15 bis 16,000 Pesos, ungerechnet
5 bis 7000 mehr, angeblich für Ausbesserung der Casernen.
Die Beträge kassirten die Betreffenden auch dann ein, wenn sie
sich auf dem Marsche befanden und ihre Wohnungen in Mexiko
häufig Monate lang nicht bewohnten. Um die den beiden höchsten
Anführern, Forey und Bazaine, zugewiesenen Quartiere ent=
sprechend einzurichten, wurden 203,182 Pesos, also über eine
Million Francs, verausgabt, darunter für ein Bettgestell 1750,
für Bettwäsche 800, für Vorhänge 16,000, für Spiegel 10,000,
für ein Paar Blumenvasen 4000, für Blumentöpfe, Pflanzen
und Blumen 6500, für Anzüge der Dienerschaft, Kochgeräth
u. s. w. 8000, für zwei Porzellan= und Krystallservice über
7000, wobei ich vieles Andere übergehe. Diese Ausgaben
machte die Regentschaft, speziell der Lakai der Franzosen,
Almonte, für jene beiden Heerführer. Ein verliebter Millionär
hätte für seine Braut kein prachtvolleres home vorbereiten
können.

Schon vor der Ankunft Maximilian's in Mexiko wurde,
wenn auch nicht auf seinen Befehl, viel Geld verschleudert unter
dem Vorwand, dem neuen Kaiser einen würdigen Empfang zu
bereiten. Daß die nach Miramar entsandte Deputation sich
104,902 Pesos für Reisespesen berechnete, habe ich bereits er=
wähnt. Für Malereien, Tapeten, Möbel und dergl. im Natio=
nalpalaste der Hauptstadt wurden 101,012 verausgabt. Die
Ausschmückung mit Möbeln, Teppichen, Blumen u. s. w. der
Häuser in den Städten Orizaba und El Palmar, in welchen
das Kaiserpaar auf seiner Reise von Veracruz nach Mexiko sich einige
Tage aufhielt, kostete 15,211 Pesos. Die Ausgaben für die
Landreise selbst, einschließlich des Empfanges in der Hauptstadt,
beliefen sich auf 115,348 Pesos, wobei die von den kleineren
Ortschaften zu diesem Zweck gemachten nicht einmal berücksichtigt
sind. Allein für die Dekorirung der kaiserlichen Loge im National=

theater figuriren 2500, außerdem 6000 für die der übrigen
Theile des Gebäudes, für Triumphbogen 7000, für Illumination
des Palastes und der Kathedrale 1800, für Feuerwerk 5500.

Vorher hatte der Erzherzog, wie gesagt, 3 Millionen Francs
von der Anleihe Glyn Mills & Co. in Miramar erhalten; fünf
weitere Millionen wurden in zehn Wechseln zu 500,000 Francs
nach Mexiko geschickt und dem mexikanischen Schatzamte ein=
geliefert. Das war für den Anfang; lange reichten diese Mil=
lionen natürlich nicht.

Dem heiligen Vater, für den unter dem euphemistischen Namen
„Peterspfennig" jährlich Millionen zusammengebettelt werden, waren
vom Kaiser bei seinem Aufenthalt in Rom 40,000 Francs geschenkt
worden, eine ziemlich anständige Bezahlung für die Mühe, die
der Mann, welcher den lieben Gott auf Erden zu vertreten vor=
giebt, sich gemacht hatte, über die gebeugten Häupter Maxi=
milian's und Carlota's die Hände auszustrecken und dabei
einige lateinische Worte zu murmeln, vulgo die Herrschaften zu
segnen!

Nach dem ersten Kassenbuche Maximilian's, das mit
dem 12. April 1864 in Miramar beginnt und mit dem
30. Juni des nämlichen Jahres, mit welchem Datum der
kaiserliche Hausstand in Mexiko errichtet wurde, abschließt, erhielt
der Verwalter des erstgenannten Schlosses behufs Anschaffung
verschiedener Gegenstände 200,000 Francs eingehändigt. Die
gesammte Civilliste des Kaisers während jener Monate betrug
336,066 Francs, die der Kaiserin 44,809; unabhängig davon
die Kosten der Reise die sich auf eine halbe Million beliefen.
880,874 Francs der ersten Anleihe waren demnach noch vor der
Uebernahme der Regierung durch Maximilian zerstoben, unein=
gerechnet die in Mexiko verschwendeten Summen.

Das Kaiserreich Agustin's de Iturbide hatte einen so
ephemeren Bestand, daß keine genauen Daten über die durch
dasselbe verursachten Kosten vorhanden sind. Der erste Präsident

der Republik, Guadalupe Victoria, der gewohnt war, während der Insurrektion gegen die spanische Colonialherrschaft in Höhlen zu wohnen und sich mit tortillas zu nähren, hatte nicht mehr Bedürfnisse als ein Spartaner. Nachdem er abgetreten war, befand er sich in völliger Armuth. Alle Präsidenten der Republik mußten sich mit einem Jahresgehalt von 36,000 Pesos und geringen Nebeneinnahmen begnügen. Sogar der prunkhafte Diktator Santa Anna gab monatlich nicht über 8—10,000 Pesos aus. Benito Juarez beantragte selbst eine Herabsetzung seines Gehalts auf 30,000. Einschließlich der Palastausgaben betrug der Jahresbetrag für die Präsidentschaft etwas über 50,000 Pesos — weniger, als Maximilian in einem halben Monat verbrauchte.

Vergleiche lagen nahe und mußten zu Ungunsten des monarchischen Systems ausfallen. Zu denken gaben ferner die nach Miramar übermittelten Summen, über deren Höhe keine genauen Rechnungen vorliegen. Nur so viel ist ersichtlich, daß außer den schon angeführten 200,000 Francs, gleich 38,642 Pesos, dorthin allein vom 10. Juli bis zum 21. Oktober 1864 in zehn Parthien 389,400 Pesos remittirt wurden, im Ganzen also 428,042!

Nur ein Theil dieses Geldes wurde zur Bezahlung von nach Mexiko geschickten Gegenständen verwendet. Sollte nicht das übrige dazu gedient haben, frühere Gläubiger zu befriedigen? Quien sabe?

Als Civilliste wies sich der Kaiser monatlich 125,000 Pesos an, außerdem seiner Gemahlin 16,667, was für das Jahr 1,700,000 Pesos ausmacht, gegenüber den 30,000 des Präsidenten Juarez! So hatte es Maximilian schon in Miramar festgesetzt. Der im mexikanischen Volke gehegte Glaube, daß er sich täglich 10,000 auszahlen ließ, beruhte somit allerdings auf Uebertreibung; immerhin war die Summe noch eine recht ansehnliche.

Das mexikanische Budget für das Jahr 1869 warf aus:

für den gesetzgebenden Körper　　　　　　　　　735,360
für den Präsidenten der Republik　　　　　　　　52,880
für den Richterstand　　　　　　　　　　　　　488,290
für den öffentlichen Unterricht im Bundesdistrikt 334,920

　　　　　　　　　　　　　　　zusammen 1,611,450.

Hieraus erhellt, daß allein mit der Civilliste Maximilian's und Carlota's nicht nur die Erfordernisse der drei republikanischen Staatsgewalten, der legislativen, der exekutiven und der richterlichen, sondern außerdem noch die der hauptstädtischen Unterrichts=anstalten gedeckt werden konnten, ja daß sich noch ein Ueberschuß ergab. Mit ungefähr einer Million Pesos jährlich bestreitet der Magistrat von Mexiko sämmtliche Ausgaben der Hauptstadt: Gasbeleuchtung, Straßenpflasterung, öffentliche Anlagen, Gefäng=nisse, Wohlthätigkeitsanstalten u. s. w., während zwei Per=sonen, die allerdings das Bedürfniß empfunden hatten, sich eine Krone auf das Haupt zu setzen, 700,000 Pesos mehr verbrauchten und damit nicht auskommen konnten. Später unterwarfen sie sich wohl bedeutenden Einschränkungen, doch der Noth gehorchend, nicht dem eigenen Triebe, so daß ihnen aus ihrer gezwungenen Sparsamkeit, die immer nur eine relative war, kein Verdienst erwächst.

Die Kostspieligkeit des Kaiserreichs ist hiernach nicht zu bestreiten, und hat es etwa dafür dem Lande außergewöhnliche Vortheile gebracht? Ich kenne keinen einzigen; im Gegentheil, nur Leichen und Ruinen und Elend hat es hinter sich zurück=gelassen.

Im Juli 1864 war der Hofstaat installirt, aus einer meist völlig nutzlosen höheren und niederen livrirten Dienerschaft be=stehend, die mehr sich des Kaisers bediente, als daß sie dem Kaiser diente, und sich bemühte, bis an die Achseln ihre beute=gierigen Arme in die Kassen zu versenken. Da gab es einen Großmarschall und Minister des kaiserlichen Hauses, den be=

rüchtigten Almonte, mit einem Jahresgehalt von 10,000 Pesos,
einen Sekretär, Staatsrath Schertzenlechner, mit 4,500,
welchen Maximilian später in sehr unceremonieller Form ent=
lassen mußte, einen Schatzmeister, Adjutanten, Kammerdiener,
Köche, Beamte des Marstalls, Hellebardiere, Gärtner, Pferde=
jungen, die eine hübsche Summe monatlich aufzehrten. Für das
Silber der kaiserlichen Tafel wurden bezahlt 47,414 Pesos, für
das Porzellan 11,376, für das Krystall 3,503, für Tischwäsche
7,258, für Bettwäsche 1,268, für den ersten Ankauf von Weinen
21,488, für den von Wagen, Pferden und Geschirren 79,953,
für den von Livréen und Uniformen 36,816 — ein einziger
Silberhelm der Hellebardiere kostete 230 Pesos — für den
Transport verschiedener Gegenstände aus Europa 64,325. In
der Küche gingen außer den Gehältern und den Weinen monat=
lich 3,852 Pesos auf. Nach aufgefundenen Rechnungen erscheinen
in dreißig Tagen 4000 Eier verbraucht, 1000 Pfund Fett
und 2500 Pfund Eis. Die kaiserlichen Köche verstanden es
ebenso gut, de faire danser l'anse du panier, wie die
Pariser Köchinnen. Alle aus Europa herübergekommenen Höf=
linge, darunter die Gräfinnen Zichy und Kolonitz, der Marquis
Corio, der Graf Bombelles, lebten wie die Fliegen im
Honigtopf, was viele derselben nicht hinderte, das Beispiel der
Ratten zu befolgen und rechtzeitig das Schiff, als es zu sinken
begann, zu verlassen. Almosen wurden reichlich gegeben,
wenigstens das Geld dazu diesem oder jenem Hofbeamten, be=
ziehentlich dem Bischof Ramirez, eingehändigt, unter andern
auch 10,000 Francs an den Admiral Tegetthoff für die Ver=
wundeten der Fregatte „Radetzky" gesandt. In den folgenden
Monaten ging die Wirthschaft in gleicher Weise fort. Im August
trank man 700 Flaschen Wein aus. Die Tochter Almonte's,
Guadalupe, Braut des Generals Herran, erhielt vom Kaiser=
paar als Mitgift ein Geschenk von 100,000 Francs; von
dem der Braut Bazaine's, Señorita Josefa Peña y

Azcárate gemachten habe ich schon gesprochen. Die erwähnten Gräfinnen ließen sich monatlich 400 Pesos für Wohnung im Hotel und 150 mehr für Miethe einer Kutsche zahlen; 3500 Pesos wurden den beiden Damen zu ihrer Rückreise nach Europa ge= geben und außerdem ein silberner Tafelaufsatz im Werthe von 2000 geschenkt. An außerordentlichen Ausgaben figuriren in der Rechnung für den Juli 36,036, in der für August 13,911, in der für November 18,339, in der für Dezember 27,539 Pesos, darunter 3000 abermals für den Papst und immer kleinere oder größere Rimessen nach Miramar. Die Reise Maximilian's nach Guanajuato und zurück über Morelia und Toluca kostete 26,860 Pesos. Scherzenlechner erhielt 2241, um mit der Eisenbahn nach Veracruz zu fahren und dort den Nuntius Meglia zu empfangen. Für Orden wurden 2889 bezahlt; ein blauer, goldgestickter Mantel für den Kaiser als Großmeister des Guadalupeordens kostete 3000. Vom 1. Juli bis zum 31. Dezember waren im Ganzen 271,106 Pesos verbraucht worden.

Das Jahr 1865 bezeichnet die Glanzepoche des Kaiser= reichs, namentlich was Ausgaben betrifft; diese beliefen sich für den Hofstaat auf 1,715,976 Pesos, darunter an außerordent= lichen 949,792; sie überstiegen also um 212,009 die Civilliste. An Schreibutensilien für das Sekretariat und sonstigen kleinen Ausgaben Maximilian's figuriren 33,237, mehr als das Gehalt von Juarez betrug.

Ein gewisser Suarez Peredo, mit dem ich zu Zeiten Santa Anna's, wo er Unterstaatssekretär im Ministerium des Aeußeren war, viel verkehrt habe, hieß nun: Don Antonio Diego de la Luz Suarez Peredo, Hurtado de Mendoza, Paredes, Rochel Vivero y Velasco, Beaumont y Leri, Conde del Valle de Orizaba, Vizconde de San Miguél, Caballero de los Olivos y Arrillaga, und war Ober= kammerherr der Kaiserin. Neue Orden wurden creirt und viele

Fracks, Uniformen und Damenkleider mit glitzernden Sternen
und Kreuzen besäet.

Ein Hofreglement erschien. Eine Menge von Mexi=
kanern, die ihre vergilbten spanischen Adelstitel wieder hervor=
gesucht hatten, bekleideten hohe Stellungen bei Hofe. Es gab
einen Oberceremonienmeister, einen Oberkammerherrn, einen
Großalmosenier, einen Generalintendanten der Civilliste, 36 bis
40 Kammerherren, etwa 40 Hofdamen, 5—7 Stallmeister,
7 Aerzte u. s. f. Der fortgesetzte Umbau des Nationalpalastes
verschlang weitere Summen, ebenso die Herstellung des Schlosses
Chapultepec und der Ankauf von zwei anderen Häusern in Cuer=
navaca, die ebenfalls in kaiserliche Residenzen umgewandelt wurden.
Die ersten beiden erforderten 423,977 Pesos, davon 55,770
für Möbel.

Die Nachkommen des in Padilla hingerichteten Iturbide
figurirten jetzt am Hofe als Prinzen von Geblüt und ließen
sich eine Dotation von 129,564 Pesos gern gefallen. Wenn
aber Maximilian ihre Legitimität anerkannte, so erklärte er sich
ja selbst als Usurpator!

An Banketten und Festlichkeiten aller Art war kein Mangel.
Maximilian glaubte hierdurch die sogenannten besseren Klassen
der mexikanischen Gesellschaft an sich zu fesseln. Er irrte sich.
Aus Eigennutz, aus Lust an Neuem, aus Eitelkeit, betheiligten
sie sich an denselben. Dank wußten sie dem Gastgeber dafür
nicht, und das Volk, auf das es doch in erster Linie ankam,
lachte über die höfische Komödie.

Vom Tage seiner Ankunft an zog Maximilian die her=
vorragendsten seiner Anhänger, sowie diejenigen Personen, welche
er gewinnen wollte, zur kaiserlichen Tafel. Manche solcher Ein=
ladungslisten haben sich vorgefunden, manche Pseudo=Republikaner
sind durch sie compromittirt worden. Uebrigens fehlte es auch nicht
an Eingeladenen, die entweder höflichst ablehnten zu erscheinen
oder einfach ausblieben, wie z. B. der frühere Minister Móntes.

Maximilian mußte den Affront ruhig einstecken. Viel Geld wurde in diesen Hoffesten verschleudert, ebenso durch die häufige Vertheilung meist in Schmucksachen bestehender Geschenke.

Daß für die käufliche Presse ebenfalls fette Brocken abfielen, ist erklärlich. In Mexiko selbst wie in Europa, sogar in den Vereinigten Staaten wurden Blätter angekauft, um die öffentliche Meinung irre zu führen. In New-York war ein förmliches Bureau eingerichtet, welches an 35,000 Pesos für Beeinflussung mehrerer Blätter, deren Verzeichniß ich gesehen habe, vertheilte. Die „Deutsche Staatszeitung" erscheint darin mit 2000 Dollars betheiligt. Im Ganzen mögen für diesen Zweck 88—100,000 Pesos verausgabt worden sein. Für Concerte und Theatersubventionen verschwanden ungefähr 50,000.

Seit 1866 begannen Reduktionen einzutreten. Die ersten Monate wurden noch 70,000 Pesos ausgegeben; später sank diese Ziffer auf 25 bis 20,000. Unter der Finanzdiktatur des energischen José Maria Lacunza wurde die Civilliste des Kaisers auf eine halbe Million, die der Kaiserin auf 100,000 Pesos herabgesetzt und im Verhältniß hierzu das Ausgaben-Budget vermindert. Ein Brief, mit welchem Maximilian am 17. August 1866 die Vorschläge seines damaligen Finanzministers, des französischen Intendanten Friant, beantwortete, lautet, wie folgt:

„Mein lieber Minister Friant. Ich habe Ihr werthes Schreiben erhalten, worin Sie die Güte haben, mir mitzutheilen, daß Sie vorläufig 25,000 Pesos monatlich zur Verfügung meiner Civilliste stellen können. Ich kenne zu gut die Pflichten, welche mir die financiellen Schwierigkeiten des Landes auferlegen, um Ihren Vorschlag nicht anzunehmen, obgleich ich mich keiner Täuschung betreffs der Opfer, die er meinem Hofe auferlegt, hingebe. Andererseits ist es unerläßlich, die schwebenden Schulden der Civilliste so bald als möglich zu bezahlen. Um in diese drängenden Angelegenheiten eine definitive Ordnung einzuführen, wünsche

ich), daß Sie mir einen Ihrer Beamten vorschlagen, der das Amt
eines Unterintendanten der Civilliste versehen könne, deren Lei=
tung übernehme und durch sein Geschick das vollständige Gleich=
gewicht herstelle. Für meine Privatausgaben, einschließlich
meiner Residenzen von Cuernavaca und Olindo, für meinen Anzug,
meine Bibliothek u. s. w. brauche ich monatlich die Summe von
10,000 Pesos, die Sie die Güte haben werden, stets direkt
meiner Person einzuhändigen. Im Uebrigen können Sie mir
alle nöthigen Ersparnisse vorschlagen; nur wünsche ich, daß nicht
über die Personen meines Gefolges und meiner Dienerschaft
verfügt werde, und daß man ihnen ohne meine Einwilligung
ihre Gehälter nicht herabsetze."

Das ist ein schöner Zug von Maximilian. Stets bereit,
sich selbst Einschränkungen zu unterwerfen, suchte er die Interessen
seiner Anhänger zu vertheidigen, wie wenig auch manche von
diesen eine solche Rücksicht verdienten. Auffallen muß jedoch, daß
er so spät zur Einsicht kam, nur die größte Sparsamkeit und die
striktete Ordnung seien im Stande, ihn aus seiner finanziellen
Bedrängniß zu retten.

Weiter schreibt er:

„Auf diese Weise, geleitet von Ihren weisen Rathschlägen,
und indem ich meinerseits Alles opfere, was meine Würde nur
zu opfern gestattet, werden Sie leicht dahin gelangen, die Civil=
liste in völliges Gleichgewicht zu bringen, ebenso wie Sie, Dank
Ihrer Einsicht, es im Allgemeinen mit dem Kaiserreich thun
werden, und wir werden für die Zukunft die peinliche Noth=
wendigkeit vermeiden, zu Lasten der Civilliste Schulden zu sehen,
welche die Ehre des Landes schädigen."

Er bewies also abermals, daß er sich von Illusionen
nicht zu befreien vermochte und die Lage, wo sie schon völlig
schwarz war, immer noch durch rosig gefärbte Gläser anschaute.

Um die ungeduldigen Gläubiger zu befriedigen, mußten Pferde
und Wagen, auch die von Maximilian gekauften Eisenbahn=

aktien veräußert werden. Nichtsdestoweniger blieben im November 1866 noch Rechnungen in der Höhe von 90,020 Pesos unbezahlt. Viele sind es heute noch, obwohl Admiral Tegetthoff, als er im Sommer 1867 nach Mexiko kam, um die Leiche des Erz=herzogs heimzuführen, etwas Ordnung in die Sache zu bringen trachtete.

Am 28. Mai 1867 wurde dem Pater Fischer, als Cabinets=sekretär des Kaisers, die letzte Zahlung auf Conto der Civilliste gemacht. In Querétaro mußte Maximilian sich sehr ärm=lich behelfen und fügte sich auch mit anerkennenswerthem Gleich=muth und ungetrübter Heiterkeit in die ihm durch die veränderten Umstände auferlegten Beschränkungen. Uebrigens mag es ihm zur inneren Befriedigung gereicht haben, seinen fast nur aus Parasiten zusammengesetzten Hofstaat los geworden zu sein. Zwar stammt von ihm der Spruch: „Warum nennt man die Hunde treu? Weil sie kriechen und sich prügeln lassen, und der Mensch gar so gern kriechen sieht und gar so gern prügelt". Ich bin aber überzeugt, daß Schranzen und Schmeichler ihm nur Ekel einflößten; ebenso daß er keine Neigung empfand, direkt oder persönlich seine Strafmacht an Jemandem auszuüben.

Alles in Allem wurden Maximilian durch Vermittelung seines Privatschatzmeisters vom 10. April 1864, an welchem Tage er in Miramar die Kaiserkrone annahm, bis zur Ueber=gabe der Hauptstadt Mexiko an die durch den General Porfirio Diaz befehligten Truppen, am 21. Juli 1867, baar ausgezahlt 3,540,379 Pesos, ferner an seine Gemahlin vom 4. April 1864 bis zum Juli 1866, wo sie sich wieder nach Europa einschiffte, 415,837, darunter 32,890 für ihre letzte Reise; ferner an Gehältern für das Personal seines Civil= und Militärkabinets 99,935 und schließlich für geheime Ausgaben dieser beiden Cabinette 250,833. Der Gesammtbetrag der per=sönlichen Einnahmen des Kaiserpaares beläuft sich demnach auf 4,306,984 Pesos für den Zeitraum von wenig über drei Jahre!

Ein republikanischer Präsident hätte in der Zeit ungefähr
160,000 Pesos verbraucht!

Ich verzichte darauf, mich hier auch mit den Staatsein=
nahmen und =Ausgaben, mit den contrahirten Schulden, kurz
mit dem Finanzwesen im weiteren Sinne während der Interven=
tion und des mexikanischen Kaiserreichs eingehender zu beschäftigen.
Es genüge zu sagen, daß auch darin von Anfang an eine entsetzliche
Mißwirthschaft Platz gegriffen hatte, und die Ausgaben gewaltig
und ohne Verhältniß zu den Einnahmen in die Höhe getrieben
worden waren. Kurz anführen will ich, daß die Kosten für die
österreichischen und belgischen Hilfstruppen 4,802,735 aus=
machten, während das französische Corps mexikanischen Kassen
30,012,263 entnahm, wobei selbstverständlich die Summen, die
ihm aus Frankreich zugingen, unberücksichtigt bleiben. Maxi=
milian hatte sich nämlich verpflichtet, die bis Juli 1864 zum
Betrage von 270 Millionen Francs aufgelaufenen französischen
Kriegskosten zu decken und fernerhin das gesammte Expeditions=
corps zu erhalten. Später, mittels Convention vom 30. Juli
1866, bestimmte er dazu die Hälfte aller aus den Seezollämtern
des Landes fließenden Einnahmen. Für ihn selbst und seine
Regierung konnte da wenig übrig bleiben.

Nach dem gegen Ende 1866 vollzogenen Rechnungsabschluß
repräsentirte die vom Kaiserreich anerkannte äußere Schuld
Mexiko's, in welcher sich die unter den ungünstigsten, ja skandalösen
Bedingungen contrahirten Anleihen aus dem Jahre 1864 mit
311,600,100, und aus dem Jahre 1865 im Nominalbetrage von
500,000,000 Francs befinden, in Pesos umgerechnet die Summe
von 307,931,351; die der Republik hatte sich vor der Inter=
vention auf 63,032,518 belaufen. Zu Ungunsten des Kaiser=
reichs stellt sich also nach kaum zweidreivierteljährigem Bestand
eine Differenz von 244,898,833 Pesos heraus. An Zinsen hatte
es jährlich 14, die Republik nur 2 Millionen zu zahlen.

Ich weiß nicht, ob es Andern ebenso ergeht wie mir, der

ich mich in meinem Leben viel mit Statistik beschäftigt habe,
welche, nach Buckle, eine der nothwendigsten Grundlagen einer
wahrhaftigen Geschichtsschreibung bildet. Richtig geordnet, üben
Zahlen einen großen Reiz auf mich aus. Sie enthüllen häufig
mehr, als andere Schriftstücke es zu thun vermögen.

Aus obiger Uebersicht gehen nun, meine ich, zwei unbestreit=
bare Thatsachen hervor, erstens, daß schon aus financiellen Grün=
den die Errichtung einer exotischen Monarchie in Mexiko unter
allen Umständen ein Ding der Unmöglichkeit ist, zweitens, daß
Erzherzog Ferdinand Max am Wenigsten der Mann war, sich
dieser Arbeit zu unterziehen. Die Geschichte sollte ihm den Beinamen
geben: „Maximilian mit der offenen Hand". Das Geld lief
ihm durch die Finger wie durch einen Sieb.

Wenn ich aber auch seine Fehler schon bei seinen Lebzeiten
klar erkannte, so hinderte mich das nicht, ihm eine instinctive
Sympathie zu weihen. Ich vermochte durchaus nicht, ihn
zu hassen. Was ich für ihn empfand, war vielmehr aufrichtige
Theilnahme. Ferner war ich ihm für zwei mir erwiesene Auf=
merksamkeiten Dank schuldig.

Es ist mir unbekannt, durch wen er von den prekären Ver=
hältnissen, unter welchen ich 1864 in Paris lebte, Kenntniß er=
halten hatte. Eines Tages ging mir dort ein Brief des kaiserlich
mexikanischen Gesandten Hidalgo zu, worin dieser mir mit=
theilte, der Kaiser habe ihn beauftragt, diejenige Summe, welche
ich als nöthig zu meiner Rückkehr nach Mexiko angeben würde,
mir zur Verfügung zu stellen, unter der ausdrücklichen Zusage,
daß ich mich durch Annahme derselben in keiner Weise als ihm
gegenüber politisch verpflichtet zu betrachten brauche. Selbstver=
ständlich lehnte ich das Anerbieten ab. Die Handlungsweise
Maximilian's war aber darum nicht minder großmüthig.

Ein anderer Fall fand während der Belagerung von Queré=
taro statt. Bei dem von Miramon in der Frühe des 27. April
1867 unternommenen Ausfall gegen die von mir mit ungenügen=

den Streitkräften besetzte Linie des Cimatario hatte ich beim
Durchbruch derselben mein gesammtes Feldgepäck, das in einem
aus rohen Steinen aufgeführten Blockhause lagerte, verloren,
darunter meine Privatcorrespondenz, die in die Hände kaiserlicher
Officiere fiel. Wie mir später erzählt wurde, machten sich diese,
unter denen sich mehrere Oesterreicher befanden, nachdem der
Feind in den Platz zurückgeworfen war, ein Gaudium daraus,
die Briefe zu lesen und umherzuzeigen. Davon erfuhr Maxi=
milian. Sofort ertheilte er den Befehl, alle noch aufzutreiben=
den Schriftstücke zu sammeln, und ließ sie mir unter Couvert
durch einen Parlamentär herausschicken.

Am 15. Mai, dem Tage, als sein Hauptquartier, das
er im Kloster Santa Cruz aufgeschlagen hatte, und damit
die Stadt Querétaro durch Ueberrumpelung in unsern Besitz
gelangte, und er selbst sich gezwungen sah, auf dem Cerro de las
Campanas seinen Degen meinem Freunde, dem General Mira=
fuentes, zu übergeben, weilte ich, mit einer dienstlichen Com=
mission beauftragt, in Morelia. Sobald ich von dem Falle
Querétaros Kunde erhielt und mir Urlaub verschaffen konnte,
eilte ich dorthin zurück und bat den General en chef, Esco=
bedo, um die Erlaubniß, den inzwischen nach dem im Innern
der Stadt gelegenen früheren Kloster der Kapuzinerinnen, zugleich
mit den Generalen Miramon und Mejia, überführten Kaiser
zu besuchen. Ich wäre glücklich gewesen, das Loos, welches, wie
ich nicht zweifeln konnte, ihm bevorstand, von seinem Haupte
abzuwenden oder es wenigstens zu erleichtern. Ueberdies hatte
man mir versichert, er sei Freimaurer; er habe sich auf einer
seiner Seereisen in einer außereuropäischen Loge aufnehmen lassen.
Ein besonderer Umstand bestärkte mich in dieser Annahme.
Maximilian hatte eine Zusammenkunft mit Juarez gewünscht,
der sich damals in San Luis Potosi, etwa 50 Leguas von
Querétaro entfernt, befand, unser Präsident dieselbe jedoch ab=
gelehnt. Juarez gehörte nämlich dem Bunde an und hegte die

Besorgniß, wurde erzählt, der Erzherzog würde sich ihm als Br.∴ vorstellen, in welchem Falle er nicht feindlich gegen ihn hätte vorgehen dürfen. Darum seine Weigerung, Maximilian zu sehen. Ich aber hielt es aus demselben Grunde für meine Bruderpflicht, Maximilian, als er sich im Unglück befand, meine Dienste anzubieten. Escobedo erwiderte mir, er persönlich habe gegen meinen Besuch beim Erzherzog nichts einzuwenden; da dieser jedoch während der Dauer seines Prozesses von seinem Untersuchungsrichter, dem Oberstlieutenant Aspiroz, abhinge, müßte ich mich mit meiner Bitte auch an ihn wenden. Mit einiger Mühe erlangte ich die Erlaubniß, Maximilian allein sprechen zu dürfen.

Am 28. Mai begab ich mich in's Kloster.

Die Zelle, in welche man den Kaiser gebracht hatte, lag im ersten Stockwerk eines kleinen Seitengebäudes, das nur einen engen Hof hat. Neben ihr — sie war die erste, von links an gerechnet — gab es noch zwei andere; die mittelste bewohnte der durch einen Streifschuß an der Wange leicht verwundete Miramon; die rechts gelegene diente dem General Tomás Mejía zum Aufenthalt. Vor den drei Zellen zog sich ein ziemlich breiter gewölbter Gang hin, von welchem aus man zwischen Bogen über eine niedrige Brustwehr in den Hof hinabblicken konnte. Links von der schmalen Steintreppe, welche zum Flur emporführte, hatte sich, mit Bewilligung Escobedo's, des Kaisers letzter Leibarzt, ein geborener Böhme, Dr. Basch, — der frühere, Dr. Semeleder, gehörte zu jener von mir weiter oben gekennzeichneten Rattenfamilie und practicirt gegenwärtig noch in Mexiko — einquartiert, um Maximilian, der an Dhsenterie litt, jeden Augenblick zur Hand sein zu können.

Basch trat mir, als ich, vom wachthabenden Officier begleitet, die Treppe hinaufstieg, entgegen und redete mich, da er vermuthlich an meiner Physiognomie, trotz der mexikanischen Uniform, die ich trug, erkannte, daß ich ein geborener Deutscher sei, in deutscher Sprache an. Mir ist entfallen, was er mich fragte, und was ich ihm antwortete. Daß ich aber die Worte, welche er in seinem 1868 veröffentlichten Buche: „Erinnerungen aus Mexiko, Geschichte der letzten zehn Monate des Kaiserreichs" mir in den Mund legt: „Wir sind doch nicht so blutdürstig, als Sie glauben!" nicht gesagt habe, erinnere ich mich auf das Bestimmteste; es lag nicht die geringste Veranlassung vor, mich in dieser Weise gegen ihn zu äußern. Sein Staunen, einen deutschen Freiherrn unter den Officieren der mexikanischen Republik anzutreffen, fand ich bis zu einem gewissen Grade erklärlich. Als wir uns im Laufe der siebziger Jahre in Wien abermals begegneten, begriff er besser, warum ich mein Geburtsland verlassen hatte und Adoptivbürger von Mexiko geworden war, machte mir auch keinen Vorwurf mehr daraus, daß ich um des von ihm hochverehrten Maximilian's Willen nicht meinen politischen Grundsätzen und meiner Fahne hatte untreu werden wollen.

Der wachthabende Officier instruirte die vor jeder der drei Zellenthüren postirten Schildwachen, daß ich frei ein- und ausgehen und mit jedem der Gefangenen ohne Zeugen sprechen dürfe. Ueber meine Unterredung mit dem ehemaligen Kameraden Miguél Miramon habe ich bereits berichtet. Tomás Mejía kannte ich ebenfalls von früher her. Er war ein Mann in den mittleren Jahren, von untersetzter Gestalt und Vollblutindianer, im Staate Querétaro, der wiederholt, wenn die conservative Partei das Ruder in Händen hatte, unter seiner Verwaltung gestanden, gebürtig. Als Soldat zeichnete er sich durch eine außergewöhnliche Tapferkeit aus, und man kennt von ihm eine Menge kühner Reiterstückchen. Er war gläubig bis zum Fanatismus, ohne sonderliche Begabung, doch eine biedere Natur, eine ehrliche, treue Seele. Ich fand ihn sehr gebeugt, nicht weil er für sich den Tod fürchtete, sondern weil er an das Schicksal seiner jungen, leidenschaftlich von ihm geliebten Frau dachte, die er mit einem Kinde unter dem Herzen allein in der Welt zurück-

lassen mußte. So viel ich weiß, hat später unsere Regierung
für Wittwe und Waise gesorgt.

Nachdem ich mich beim Kaiser hatte anmelden lassen, be=
trat ich seine Zelle und schloß die Thür hinter mir. Es war
ein kleines, mit Ziegelsteinen gepflastertes, kalkgetünchtes Gemach,
etwa vier Meter lang und zweieinhalb Meter breit, und hatte
außer der Thür ein auf den beschriebenen Gang blickendes, ver=
gittertes Fenster. An der hintern Wand, mit dem Kopfende
nach links, stand das broncene Feldbett des Kaisers. Das
übrige Mobiliar war das denkbar einfachste. Maximilian,
der sich unwohl fühlte, lag im Bette, den nur mit dem
Hemde bekleideten Oberkörper halb aufrecht an mehrere weiß=
überzogene Polster gelehnt. Das in der Mitte gescheitelte
Haar, der hellblonde Vollbart, sowie Hände und Nägel waren
sorgfältig gepflegt. In seiner Physiognomie war der habs=
burgische Typus, hauptsächlich an der etwas vortretenden Unter=
lippe, deutlich erkennbar, der Gesammteindruck ein gewinnender.
Aus den blauen Augen leuchteten Sanftmuth und Wohlwollen,
die Stimme klang weich. Er glich mehr einem Apostel als
einem Helden.

Als ich an sein Lager trat, reichte er mir mit freund=
lichem, resignirtem Lächeln die Hand und sprach zu mir,
noch ehe ich Zeit fand, ihn zu begrüßen, sich auf einen
Satz meines ihm nach London übersendeten Memorandums be=
ziehend, die unter den damaligen Umständen mich tief ergreifenden
Worte:

„Baron Gagern, Sie sind ein guter Prophet gewesen."

Ich versuchte darauf, durch die unter Freimaurern üblichen
Zeichen mich ihm als Mitglied dieses Weltbundes zu erkennen
zu geben. Meine Zeichen blieben unbeachtet. Später mischte
ich in die Unterhaltung freimaurerische Ausdrücke und sagte
ihm, er möge absehen von der Uniform, die ich trage, und nur
einen Menschen in mir erblicken, der nicht allein mit Freuden

bereit, sondern auch moralisch verpflichtet sei, ihm, soweit meine
Pflicht es gestatte, zu helfen. Maximilian dankte mir herzlich,
zeigte aber nicht mit einem Wort, nicht mit einem Zeichen, daß
er meine freimaurerischen Andeutungen verstanden habe. Ich
begriff, daß er dem Orden nicht angehöre.

Nach den Blättern aus dem Tagebuche des Prinzen Felix
zu Salm-Salm, in denen ausführlich die Ereignisse von Quére-
taro beschrieben sind, wurde gerade gegen Ende des Monats Mai
stark gearbeitet, um die Entweichung des Kaisers in's Werk zu
setzen. Manches mag sich aber doch wohl anders zugetragen
haben, als in jenem Buche erzählt wird. Die Anstrengungen,
die zu dem genannten Zwecke gemacht wurden, waren so unge-
schickter Art, daß sie fehlschlagen mußten. Einige der dabei betheiligten Personen scheinen vorzugsweise darnach getrachtet zu
haben, ihr eigenes Haupt mit einem großentheils unverdienten
Nimbus zu umgeben.

Jedenfalls trug auch der Kaiser einen Theil der Schuld,
daß der Fluchtplan nicht gelang. Davon mich zu überzeugen,
fand ich hinlängliche Gelegenheit während der dreistündigen
Unterhaltung, welche ich mit ihm in seiner Zelle hatte.

Nur für kurze Zeit schien er nämlich den ganzen Ernst
seiner Lage zu begreifen, wie mir Dieses aus den ersten an mich
gerichteten Worten ersichtlich geworden war. Unmittelbar darauf
ließ er sich aber wieder, nach seiner Gewohnheit, von Illusionen beherrschen. So erwartete er mit Bestimmtheit eine Intervention
zu seinen Gunsten seitens der europäischen Mächte. Als ich
ihm bemerkte, daß eine solche, selbst wenn sie angestrebt werden
sollte, vermuthlich zu spät eintreffen dürfte, meinte er, die in
Mexiko anwesenden fremden Gesandten jener Mächte müßten in
deren Namen mündlich oder schriftlich einschreiten. Meinen Einwand, die Regierung der Republik könne jene Herren ja gar
nicht als diplomatische Vertreter anerkennen, sondern erblicke in
ihnen lediglich Privatpersonen und müsse deshalb deren bons

offices zurückweisen, konnte er allerdings nicht entkräften; aber sofort suchte er nach einem neuen Hoffnungstau, das freilich wieder sich nur als ein Strohhalm erwies. Hülfe werde ihm aus Washington kommen; im „weißen Hause" könne man nicht dulden, daß an ihm ein Mord begangen werde, der indirekt das republikanische Prinzip benachtheilige.

Diese Voraussetzung hatte einen Schatten von Berechtigung. Am 6. April war von dem amerikanischen Vertreter, Mr. Camp = bell, von dessen Excursion an Bord der „Susquehannah" in Gemeinschaft mit Sherman ich gesprochen habe, an unsern Minister der auswärtigen Angelegenheiten, Sebastian Lerdo de Tejada, durch einen Sendboten eine Note übermittelt worden, deren Ton und Inhalt dem diplomatischen Usus durchaus nicht entsprachen. Darin hieß es:

„Meine Regierung hat die größte Genugthuung bei der Nachricht von dem Rückzuge des französischen Heeres und dem Vormarsch des mexikanischen empfunden. Diese Genugthuung wurde jedoch kürzlich durch die Berichte getrübt, welche sie über die gegen die Kriegsgefangenen von Zacatecas bewiesene Strenge empfing. Da Ihre Truppen in solcher Weise erregt sind, fürchtet sie, daß auch in dem Falle der Gefangennehmung des Prinzen Maximilian und der seinen Befehlen unterstehenden Streit= kräfte sich jene Strenge wiederholen könne."

In ähnlicher Weise ging es noch einige Zeilen fort. Der Schluß der Note lautete:

„Meine Regierung trägt mir auf, dem Präsidenten Juarez schnell und wirksam ihren Wunsch kundzugeben, daß im Falle der Gefangennehmung des Prinzen Maximilian und seiner Anhänger ihnen die menschliche Behandlung zu Theil werde, welche von den civilisirten Nationen den Kriegsgefangenen ge= währleistet ist."

Augenscheinlich theilte Campbell die Auffassung, welche der österreichische Gesandte in Washington in einer am nämlichen

Tage und über die nämliche Sache an Seward gerichteten
Note huldigte, und in der sich die Worte finden:

„Ich trage um so weniger Bedenken, mich an Sie, Herr
Minister, zu wenden, als ich nicht nur Vertrauen in die Freund=
schaft der amerikanischen Regierung setze, sondern weil dieselbe
ein Recht zu besitzen scheint, von Juarez zu verlangen, daß er
die Kriegsgefangenen schone; sind doch großentheils die Triumphe
der liberalen Partei in Mexiko der moralischen Unterstützung der
amerikanischen Regierung zu verdanken."

Gegen eine derartige Behauptung muß entschieden Einspruch er=
hoben werden. Es ist nicht wahr, daß die Nachbarrepublik erheblich
zu unseren Siegen beigetragen hatte, und wäre es selbst der Fall
gewesen, niemals durfte das Cabinet von Washington oder sein
Abgeordneter sich herausnehmen, in solcher Weise dem unsern
Vorschriften zu machen, sonst hätten wir ja nichts weiter ge=
wonnen gehabt, als die französische Intervention durch eine
amerikanische vertauscht zu sehen.

Die Veranlassung zu obigen Noten war die Erschießung
von Franzosen, die in der Schlacht von San Jacinto in die
Gefangenschaft Escobedo's gerathen waren. Man darf aber
nicht vergessen, daß jene Franzosen, nachdem das französische
Expeditionscorps sich zurückgezogen hatte, und vorher von Mar=
schall Bazaine an alle seine Landsleute die Aufforderung er=
gangen war, sich mit ihm einzuschiffen, vom Standpunkte des
Völkerrechts allein als Flibustier angesehen werden konnten. Die
Bestrafung von Verbrechern ist ein untrennbar mit der Souve=
ränetät einer Nation verbundenes Recht, und jene Leute, die
unter den Kugeln der Executions=Pelotons fielen, waren unleug=
bar Verbrecher, nicht einfache Kriegsgefangene.

Uebrigens wurde die Handlungsweise Seward's in Washing=
ton selbst keineswegs gebilligt. Am 18. April gelangte im Senat
eine Resolution von Johnson zur Diskussion, „den kriegführen=
den Parteien in Mexiko die Intervention der Vereinigten Staaten

anzubieten." Senator Fowler schlug dagegen eine andere vor,
welche besagte, daß, „da die Vereinigten Staaten es nicht für
passend erachtet hätten, zu interveniren, so lange sich die Fran=
zosen in Mexiko befanden, und diese Intervention für die Mexi=
kaner vortheilhaft gewesen wäre, der Senat begreife, daß, nach=
dem dieselben den Muth bewiesen, die Unabhängigkeit des Landes
zu vertheidigen, und es ihnen gelungen sei, die Fremden zu ver=
jagen, das Volk der Vereinigten Staaten volles Vertrauen in
die Behandlung setze, welche das mexikanische Volk den Kriegs=
gefangenen angedeihen lassen werde."

Senator Morton unterstützte den Antrag Fowler's,
nannte Maximilian einen Flibustier und erklärte, die Ver=
einigten Staaten dürften sich nicht für ihn verwenden, ebenso=
wenig wie sie es gethan hätten, um Walker und Lopez zu retten.
Er führte ferner die von Maximilian erlassenen Dekrete,
welche der Senat schon früher als „barbarisch und blutdürstig"
bezeichnet hatte, an und wies darauf hin, daß kraft jener De=
krete mehr denn 30,000 Mexikaner, unter ihnen Generale und
höhere Officiere, für das angebliche Verbrechen, ihr Vaterland
vertheidigt zu haben, erschossen worden seien, ohne daß die Ver=
einigten Staaten eingeschritten wären, um es zu verhindern.

Johnson's Resolution wurde abgelehnt, die von Fowler
angenommen, unter Beistimmung der ungeheuren Mehrheit des
amerikanischen Volkes.

Ich glaube kaum, daß Maximilian Kenntniß von diesem
Zwischenfall hatte, und hielt es darum für meine Pflicht, ihn
über die in den Vereinigten Staaten herrschende Stimmung auf=
zuklären. Ich wollte ihn hierdurch bestimmen, nicht länger sein
Vertrauen auf fremde Diplomaten und fremde Regierungen zu
setzen. Sein Optimismus war jedoch plötzlich so stark geworden,
daß er sich durch keine meiner Bemerkungen aus ihm heraus=
reißen ließ. Er suchte vielmehr mit vollster Seelenruhe, als ob
es sich um eine akademische Frage, die ihn persönlich gar nicht

berührte, handelte, mir gegenüber die Incompetenz des Kriegs=
gerichts, das über ihn urtheilen sollte, nachzuweisen.

„Entweder," sagte er, „bin ich österreichischer Erzherzog,
oder ich bin Kaiser von Mexiko. In beiden Fällen können
sechs mexikanische Hauptleute mit einem Oberstlieutenant als
Vorsitzenden nicht über mich zu Gericht sitzen."

„Kaiserliche Hoheit irren sich," erwiderte ich ihm, „weder
als Erzherzog noch als Kaiser werden Sie von uns angesehen."

„Aber als was denn?"

„Ich bitte, die Schärfe meiner Antwort zu entschuldigen.
Dieselbe entspricht aber genau der republikanischen Auffassung,
und es dürfte deßhalb wichtig für Euere kaiserliche Hoheit sein,
sie zu kennen. Da Sie ohne vorherige Kriegserklärung mit be=
waffneter Macht in dieses Land, das eine gesetzlich constituirte
Regierung besaß, eingedrungen sind, um diese Regierung zu
stürzen, so paßt völkerrechtlich weder die eine noch die andere
Bezeichnung, sondern allein diejenige, welcher Senator Morton
sich im Senat von Washington bedient hat; der Vergleich mit
einem Grafen Raousset de Boulbon, mit einem Walker
und ähnlichen Männern ist durchaus zutreffend."

Maximilian ließ den Kopf auf die Brust herabsinken
und murmelte leise einige Worte vor sich hin, die ich nicht ver=
stehen konnte. Ich zweifle nicht, daß meine rücksichtslose Er=
klärung wie mit einem Blitzstrahl die ihm drohende Gefahr be=
leuchtete und sie ihn klar erkennen ließ, vermuthlich aber nur
auf kurze Zeit, sonst hätte er nicht von Neuem auf das Ein=
treffen der aus Mexiko erwarteten Gesandten, unter ihnen des
preußischen Ministerresidenten, Baron Magnus, sich ein luftiges
Hoffnungsgebäude aufführen können. Bezeichnend ist die Nicht=
achtung, mit der er stets von dem Vertreter Oesterreichs, dem
Baron Lago sprach; noch bezeichnender, daß dieser sich hinter
dem Mangel an Instruktionen verschanzte, um nicht das
Geringste für den leiblichen Bruder seines Kaisers zu thun,

sogar, wie Salm berichtet, seine Unterschrift, die er unter einen vom Kaiser in der Höhe von 200,000 Pesos ausgestellten Wechsel gesetzt hatte, mit welcher Summe die zur Entweichung erforderlichen Ausgaben bestritten werden sollten, später zurück= zog, genauer gesagt, sie mit einer Scheere von dem Wechsel abschnitt.

Traurigen Herzens nahm ich Abschied von Maximilian, als der Fiscal Aspiroz hereintrat und mich aufmerksam machte, die mir zur Unterredung bewilligte Zeit sei abgelaufen. Ich wußte, daß der Erzherzog seinem Schicksal nicht entgehen konnte. Recht und Gesetz sprachen zu bestimmt gegen ihn. Nicht der geschickteste Advokat wäre im Stande gewesen, ihn zu retten.

Es widerstrebte meinem Gefühle, seiner Hinrichtung bei= zuwohnen; nur meinen Adjutanten schickte ich hin, damit er mir Bericht darüber erstatte. Bekannt ist, daß Maxi= milian, dem der Platz zwischen Miramon und Mejia an= gewiesen worden war, Ersteren mit anerkennenden Worten in die Mitte stellte. Hiermit beging er einen Irrthum. Miramon war ihm keineswegs ein ergebener Anhänger, wenn auch weniger treulos als General Márquez, der im Interesse der Kirche zum offenen Verräther an seinem Kaiser geworden war. Eher verdiente den Ehrenplatz der brave Mejia. Am meisten kam er Maximilian selbst zu.

Dieser starb vollkommen gefaßt. Das ist eine historische Thatsache, welche über allem Zweifel erhaben steht. Sein Tod lieferte den Beweis, daß er eines bessern Looses würdig war. „Era una alma grande". wie Oberst Palacios sagte. Davon zeugt auch der Brief, den er kurz vor seinem Tode an seinen Gegner Benito Juarez schrieb, und in welchem er den Wunsch aussprach, sein Blut möge das letzte sein, das in Mexiko vergossen werde, und daß der Präsident „die gleiche Ausdauer, mit der er die soeben zum Siege gelangte Sache vertheidigt" habe, „und die ich" — fuhr er fort — mitten im Glücke an=

zuerkennen und zu schätzen wußte" — dem edelsten Zwecke wid=
men möge, nämlich der Aussöhnung der Gemüther.

Der Dichter geht zu weit, wenn er schreibt:

> „Dem Land', für das zu leben er begehrt,
> Sein Herzblut hat er sterbend ihm gelassen,
> Und daß sein Haupt der Kaiserkrone werth,
> Er zeigt's der Welt noch im Erblassen."

Auch durch den auf der Richtstätte gezeigten Muth hat
Maximilian nicht den Beweis beigebracht, „daß sein Haupt
der Kaiserkrone werth." Vielleicht hätte er sich eine Bürger=
krone verdienen können, wenn er nicht fortwährend falschen Ein=
flüsterungen Gehör geschenkt und sich häufiger der von ihm
selbst aufgestellten Lebensregel erinnert haben würde:

> „Nicht zu Allem gebrauch' nur fremde besoldete Hände,
> Und sei dessen gedenk, daß Du auch eigene hast."

Unleugbar war er ein außergewöhnlicher Mensch, so hat
auch sein Dasein einen außergewöhnlichen Abschluß gefunden.
Der Wunsch, welchen er in einem seiner Gedichte ausgesprochen:

> „Ich möchte nicht im Thal verderben,
> Den letzten Blick beengt von Zwang,
> Auf einem Berge möcht' ich sterben,
> Bei gold'nem Sonnenuntergang!"

— dieser Wunsch ist ihm wenigstens soweit in Erfüllung ge=
gangen, als er in der That auf dem — „Glockenberge" sein
Leben aushauchte.

Der Stoff ist mir unter der Feder gewachsen.

Mir erging es wie dem Musiker, dem, wenn er auch nur einzelne Töne anschlägt, sofort ganze bekannte Melodienreihen vor seinem geistigen Ohr erklingen, zu denen jene, ohne jedes Zuthun seinerseits, sich entwickelt hatten.

Beim Hinabsteigen in den Schacht meiner „Erinnerungen" habe ich reichere Schätze gefunden, als ich anfänglich vorausgesetzt. Es war eine Unmöglichkeit, Alles, was ich zu erzählen hatte, in zwei Bände hineinzupressen, wie ich es mir vorgenommen.

Noch bleibt mir Vieles zu sagen übrig.

Ich habe noch zu sprechen von den unmittelbaren Folgen, welche die Erschießung Maximilian's in der öffentlichen Meinung Amerika's und Europa's hatte, von den mit Erfolg gekrönten Schritten, die ich unternahm, um den als preußischer Major bei Saint Privat gefallenen Prinzen Felix zu Salm-Salm aus seiner mexikanischen Gefangenschaft zu befreien; von meinem Zusammentreffen mit Hecker im Jahre 1871 in New-York und unserer Polemik bezüglich der Frauenfrage; von meiner Rückkehr nach Europa und meinem mehrjährigen Aufenthalt in Wien, wo ich mehr oder minder nahe Beziehungen mit manchen hervorragenden Persönlichkeiten anknüpfte; von meiner Reise nach Bukarest im Winter 1877 und meiner Vorstellung bei der gekrönten Dichterin Cármen Sylva; von dem, was ich auf der Balkanhalbinsel sah, während ich dort als Kriegs= correspondent des russischen „Golos" weilte, und von meiner Be= kanntschaft mit General Ignatieff; von meinem Verhältniß zu Franz Pulszky, dem Großmeister der ungarischen Johannis= logen und meiner Wirksamkeit im Interesse der österreichisch= ungarischen Freimaurerei; wahrscheinlich auch von meinem alten Freunde, dem soeben ein zweites Mal zum Präsidenten der Republik Mexiko erwählten General Porfirio Diaz.

Vielleicht entschließe ich mich später dazu, diesen Rest meiner Erlebnisse zu schildern; vorläufig nehme ich Abschied von meinen Lesern, mit der Hoffnung, der das alte deutsche Volkslied Ausdruck verleiht: „Wenn Menschen von einander gehn, so sagen sie: Auf Wiedersehn!"

Mich aber werden sie unverändert finden, wenn ich aber= mals vor sie hintrete, immer bereit, die sogenannten „großen" Männer ungeblendet aus nächster Nähe zu betrachten, um die ihnen anhaftenden Flecken zu entdecken, immer festhaltend an der Wahrheit, die schon Diderot aussprach, daß der erste Schritt zur Philosophie der Unglaube ist, immer zuversichtlich in die Zukunft schauend, die langsamer oder schneller, aber unvermeid= lich den Triumph der Fortschrittsideen auf allen Gebieten der menschlichen Thätigkeit herbeiführen muß.

Carlos von Gagern.

Am Jahrestage der mexikanischen Unabhängigkeit,
den 16. September 1884.

Druck von W. & S. Loewenthal, Berlin C

www.ingramcontent.com/pod-product-compliance
Lightning Source LLC
Chambersburg PA
CBHW020534270326

41927CB00006B/573

9 7 8 3 7 4 3 6 2 0 5 7 5